高等院校电子商务专业规划教材

电子商务实训教程

罗立升　主　编

吕晓永　袁　丹　李　英　陈启容　副主编

中国铁道出版社有限公司
CHINA RAILWAY PUBLISHING HOUSE CO., LTD.

内 容 简 介

本书论述了电子商务的内涵，诠释了电子商务应用的广泛性，阐述了电子商务的实训技能。全书紧紧围绕实验展开相关内容，具有全面性、实战性、针对性、新颖性等特点，结合电子商务广泛应用的现状，突出电子商务学科的重要性，融合电子商务快速发展中的应用案例，贴近生活，便于读者对理论的理解和实践的应用。

本书适合作为各类应用型本科电子商务、跨境电子商务等专业的教材，也可作为各类企事业单位从事电子商务人员的培训教材和参考用书。

图书在版编目（CIP）数据

电子商务实训教程/罗立升主编. —北京：中国铁道出版社有限公司，2020.1

高等院校电子商务专业规划教材

ISBN 978-7-113-26342-3

Ⅰ.①电… Ⅱ.①罗… Ⅲ.①电子商务-高等学校-教材 Ⅳ.①F713.36

中国版本图书馆CIP数据核字（2019）第277556号

书　　名：电子商务实训教程
作　　者：罗立升

策　　划：周海燕　　　　**编辑部电话：**010-63589185转2019
责任编辑：周海燕　刘丽丽　冯彩茹
封面设计：乔　楚
责任校对：张玉华
责任印制：郭向伟

出版发行：中国铁道出版社有限公司（100054，北京市西城区右安门西街8号）
网　　址：http://www.tdpress.com/51eds/
印　　刷：三河市荣展印务有限公司
版　　次：2020年1月第1版　2020年1月第1次印刷
开　　本：787 mm×1 092 mm　1/16　**印张：**8.5　**字数：**182千
书　　号：ISBN 978-7-113-26342-3
定　　价：27.00元

前　言

电子商务是以网络通信技术进行的商务活动，是利用计算机技术、网络技术和远程通信技术，实现电子化、数字化、网络化和商务化的整个商务过程。电子商务以商务活动为主体，以计算机网络为基础，以电子化方式为手段，在法律许可范围内所进行的商务活动交易过程，是融计算机科学、市场营销学、管理学、经济学、法学和现代物流于一体的新型交叉学科。

本书以“理论概述、策划创新、实践技巧”为编写原则，突出科学性、创新性、时代性，可操作性强，能满足社会各个方面、各个层次的工作人员学习电子商务实践运作的需要。

本书具有以下特点：

（1）扩展性强。根据本科教学层次需要，深入和扩充电子商务方面的知识内容，结合珠三角等地区电子商务的应用特点，增强内容的知识性和趣味性。

（2）实战性。理论知识作为基础，理论联系实际，注重应用能力的培养。

（3）新颖性。本书由校企双方人员共同参与编写，集产学研方面最新成果，构思新颖，采用学生参与、师生互动的教学理念，有利于激发学生的学习兴趣，便于对知识结构的深入了解和掌握。

（4）启发性。在学生掌握基本的理论和应用基础上，拓宽学生的知识面和视野，启迪学生对创新应用的思考。

（5）创新性。掌握电子商务运用的方法和技巧，培养实际应用中的创新思维、创新方法，提高效率。

本书在教学目标上，把“实训概述”与“实训任务”、“实训目的”与“实训考核”、“知识理论”与“启迪思维”、“实训总结”与“拓展创新”、“知识熟练应用”与“技能方法灵活”等目标相结合，增加教学过程的多样性，激发学生的参与积极性。在教学方法上，本书运用“互动教学法”、“逻辑教学法”、“讨论教学法”、“实训教学法”、“实训考核 PK”等教学方法。在课程内容设计上，各章的“实训总结”与各章的“实训目的”相呼应，保证教学目标的达成和学生对知识体系的熟练掌握，从而完成“电子商务”课程教学任务。

本书在编写、出版过程中，得到了广州创显科教股份有限公司董事长张瑜、董事会秘书邵维林和广州培生教育传媒有限公司董事长周健、《我要去创业》总出品人郑晓东、微果集团创始人罗敏、深圳昌和盛大电子商务有限公司董事长谢小文、钟祥市罗师傅粮油食品有限公司总经理罗立伟等校企合作单位领导的大力支持，还得到了广东科技学院领导和西安科技大学管理学院领导的关怀。此外，本书在编写中参考、引用了同类教材和有关论著的观点与材料，在此一并致以衷心的感谢。

本书由罗立升任主编，吕晓永、袁丹、李英、陈启容任副主编。具体编写分工如下：罗立升编写第一章和第二章；吕晓永编写第三章；李英编写第四章；袁丹编写第六章；陈启容编写第五章。全书由陈青梅、陈土丽校稿，罗立升统稿。由于编者水平有限，加之时间紧迫，书中难免存在疏漏和不足之处，敬请读者批评指正。

编　者

2019年11月

目 录

第 1 章 电子商务模式认知实训

1.1 实训平台的注册

1.1.1 实训概述

实训主要是让学生熟悉本章实训项目的操作平台——博星电子商务教学实训系统。该实训系统主要通过模拟电子商务中 B2C、B2B、C2C 三种交易模式，并提供教学资料、考试中心、虚拟银行、物流中心、EDI 数据交换中心等电子商务环境，为学生提供一个模拟真实环境的流程平台。本次实训，主要是让学生对实训平台的结构、功能、模块建立系统的认识，为后续的实训奠定基础。

1.1.2 实训目标

（1）掌握博星电子商务教学实训系统的注册和登录流程。

（2）熟悉博星电子商务教学实训系统的结构和功能模块。

1.1.3 实训任务

（1）根据教师的要求进行注册。

（2）登录成功以后，熟悉教学实训系统界面，熟悉教学实训系统的模块。

（3）通过在线考试模块，掌握本次实训的知识点，再次巩固实训效果。

1.1.4 实训步骤

（1）打开实训平台后，其教学实训系统的登录主界面如图 1–1 所示。

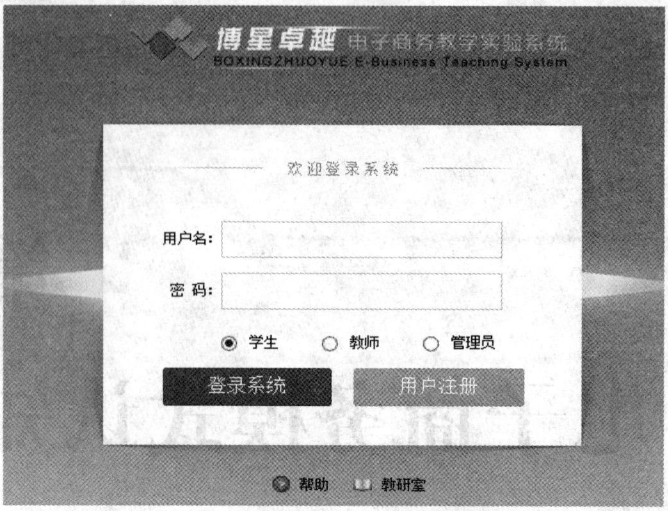

图 1–1　登录界面

（2）第一次登录的学生请单击“用户注册”按钮，按照提示单击“学生注册”按钮，填写登录名、学号、选择班级，在填写上述信息过程中注意右边的红色提示，填写完成后单击“确定”按钮，即可注册成功，如图 1–2 所示。

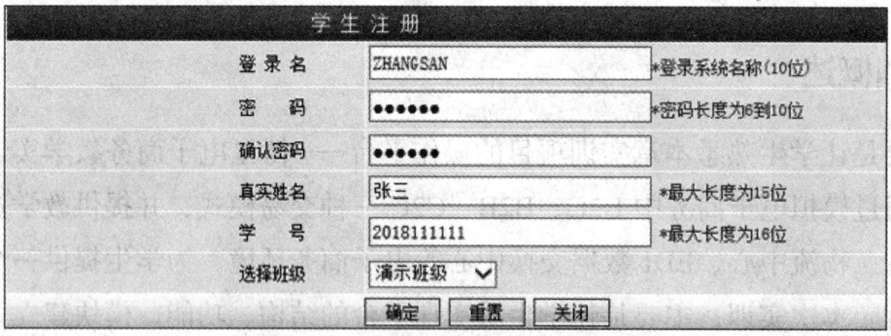

图 1–2　用户注册界面

（3）学生注册成功以后，并且教师在后台审核开通后，即可在主界面登录。登录成功后进入图 1–3 所示的界面。

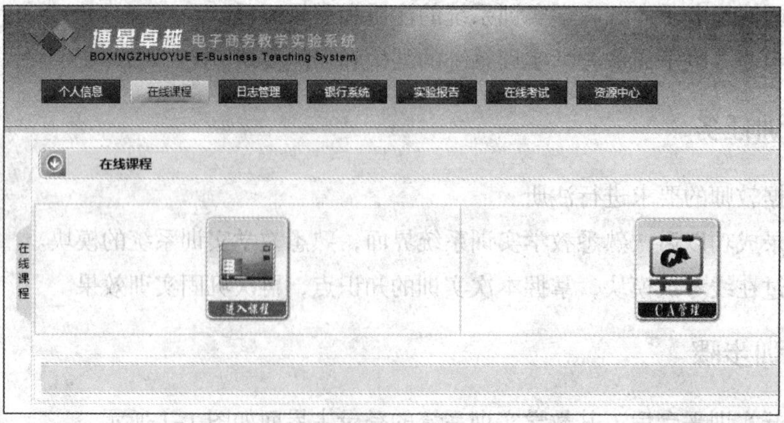

图 1–3　登录成功界面

可以看到，界面的上方有“个人信息”、“在线课程”、“日志管理”、“银行系统”、“实训报告”、“在线考试”和“资源中心”。在“在线课程”中有上课、CA、EDI 等模块。当教师部署好一节课时，学生单击“进入课堂”按钮。“个人信息”中包含自己注册时填写的信息，学生可以修改自己的密码。“日志管理”是当教师开始一节课程时，学生可以在日志管理处查询自己的操作日志，以确定上课的每一项任务是否完成。当教师上完一节课时，学生在实训报告处填写自己本节课的实训，以备教师批阅。

1.1.5　实训考核

（1）进入在线考试进行本次实训的在线练习。

（2）填写主界面的实训报告并提交教师，以备教师批阅。

1.1.6　实训总结

本次实训是电子商务模拟教学实训系统中最简单也是最基础的一个实训，涉及的内容相对较少，旨在让学生熟悉博星电子商务教学实训系统的基本模块和操作，为以后的实训做好准备。

1.2　电子商务活动过程认知实训

1.2.1　实训概述

电子商务通常是指在因特网开放的网络环境下，基于客户端/服务端应用方式，买卖双方不谋面地进行各种商贸活动，实现消费者的网上购物、商户之间的网上交易和在线电子支付以及各种商务活动、交易活动、金融活动和相关的综合服务活动的一种新型的商业运营模式。由于其便捷性，该商务模式迅速渗透到人们的生活中，极大地影响和改变了现代人的生活和工作。本次实训利用系统中的后台工具配置一个 B2C 商城网站，学生可以通过浏览网站、注册用户等操作，熟悉电子商务网站的电子交易流程，进一步加强对电子商务活动以及其流程的认知。

1.2.2　实训目标

（1）了解一个电子商务网站的布局。

（2）了解如何根据类别搜索产品。

（3）了解如何购买商品，体会电子交易。

1.2.3　实训任务

（1）注册商城用户。

（2）登录系统主界面，了解网站布局。

（3）查看商品类别，并根据类别搜索商品。

（4）购买商品，体会系统中的电子交易。

（5）在“在线考试”模块进行本次实训的在线练习，再次巩固实训效果。

1.2.4 实训步骤

以平常接触较多的 B2C 商城为例，当教师布置好一节 B2C 课程时，学生登录主界面单击“上课”按钮进入课堂，商城管理员角色的学生主要负责把商城布置好。商城用户登录后，单击“进入课程”进入图 1–4 所示的界面。

图 1–4 B2C 商城用户登录成功界面

单击左上方的“注册”按钮进行用户注册，如图 1–5 所示。

图 1–5 商城用户注册界面

要求填写银行账号的信息，因此要先注册银行账号，才能进行用户注册。实训系统中设置有虚拟银行，单击界面中的“注册银行”按钮进入图 1-6 所示的界面。

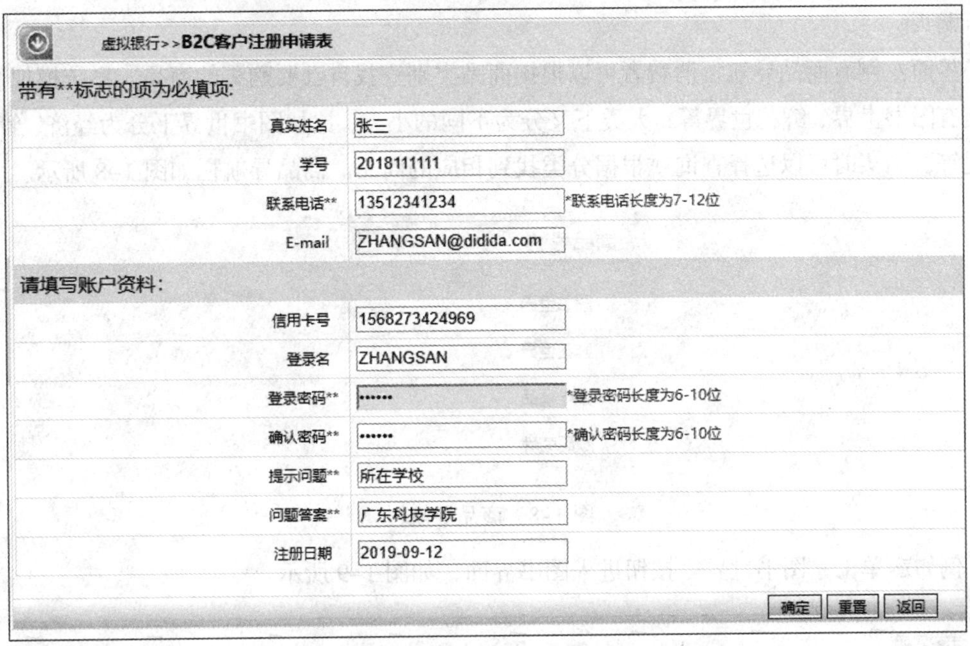

图 1-6　虚拟银行注册界面

按照提示信息注册银行成功后，即可注册 B2C 商城的用户（注意所填写的电话以及登录密码要符合红色字体的要求，否则注册不成功）。成功注册后，返回首页登录。登录成功界面如图 1-7 所示。

图 1-7　商城用户登录成功界面

登录商城后，观察教师所布置 B2C 网站的整体布局，会发现商品展示区占去页面很大的比例，分为新品上架、特价商品、推荐商品、精品展示。这样的布局便于消费者再次方便地进行购买。

界面左侧有商品导航，消费者可以根据商品类别查找自己要购买的商品。系统模拟商品分类有图书世界、鲜花世界等；大类下又分为不同的小类，比如图书世界下分为经济、管理、小说等，购买时可以选择查询或根据分类找到相应的商品。商品导航栏如图 1–8 所示。

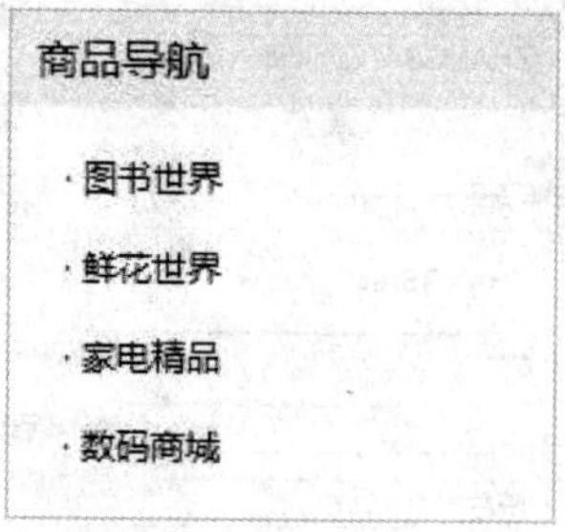

图 1–8　商品导航栏

例如，单击“图书世界”按钮进入图书界面，如图 1–9 所示。

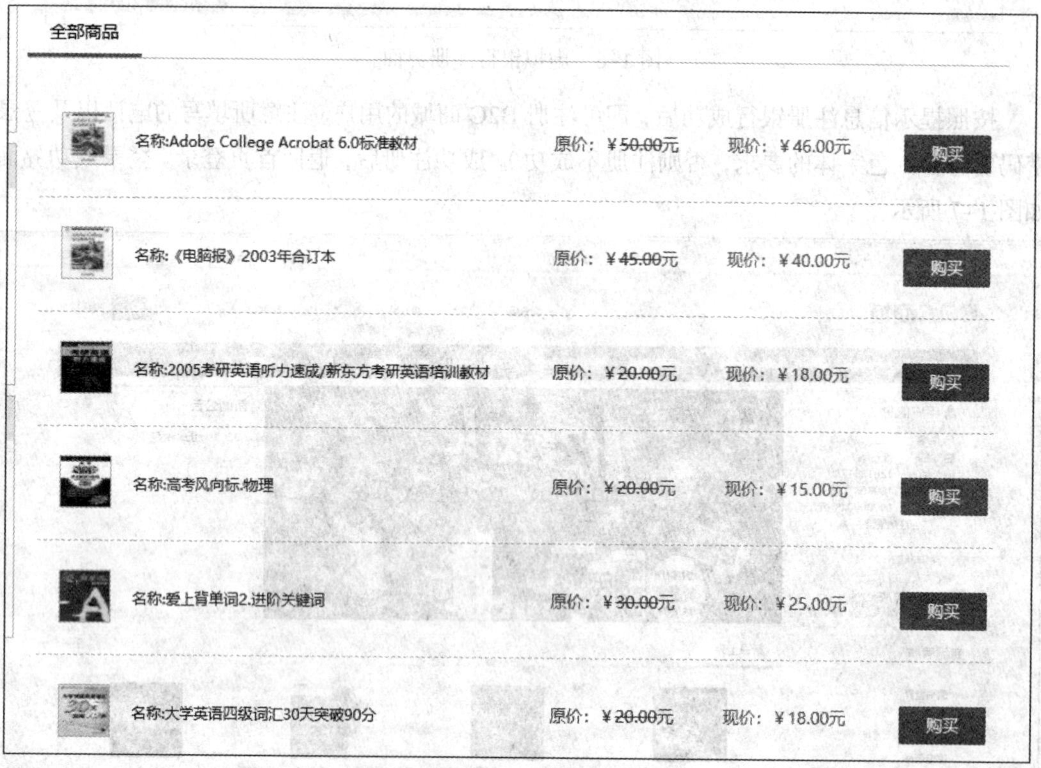

图 1–9　图书界面

单击某本书的书名即进入详细介绍界面，如图 1–10 所示。

图 1–10　书籍详细介绍界面

确定要购买这本书后，单击“我要购买”按钮，将图书放入购物车，如图 1–11 所示。

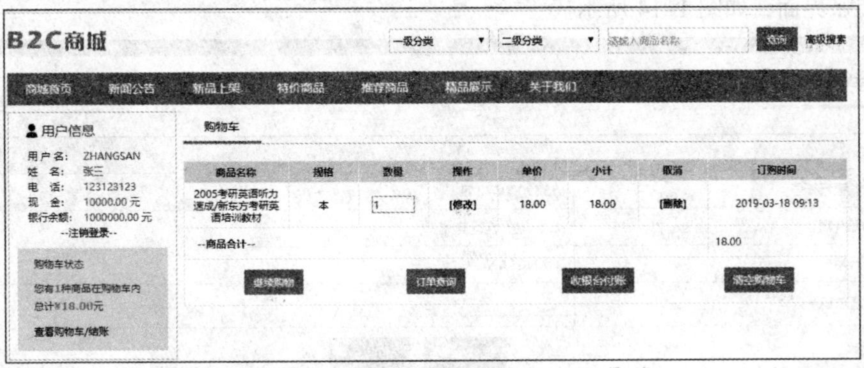

图 1–11　购物车界面

商品放进购物车后可以修改所购商品的数量，然后可以选择继续购物、订单查询，或直接到收银台付账。如果不想购买此商品，可以单击“删除”按钮从购物车中删除此商品。

这里单击“收银台付账”按钮，进入支付界面，有两种支付模式供选择，如图 1–12 所示。

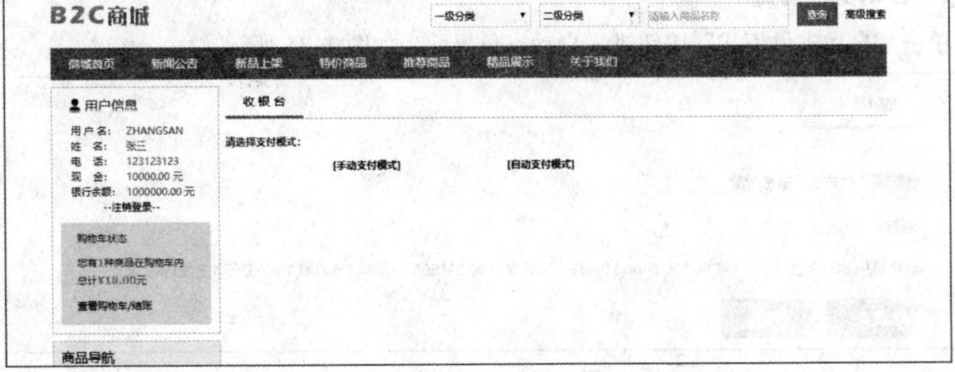

图 1–12　支付界面

1．手动支付模式

单击“手动支付模式”按钮进入收银台界面，如图 1–13 所示。

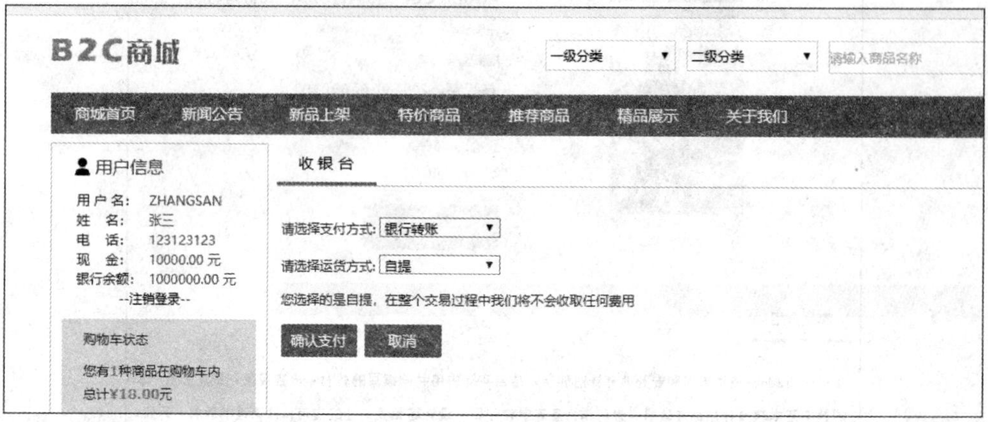

图 1–13　收银台界面

选择支付方式为“银行转账”，运货方式为“物流公司送货”，单击“确认支付”按钮进入手动转账界面，如图 1–14 所示。

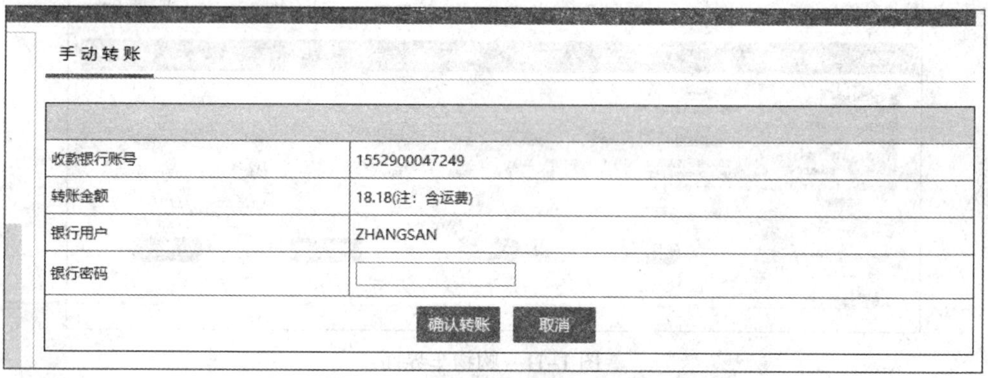

图 1–14　手动转账界面

输入商城用户所设置的密码后单击“确认转账”按钮，转账成功。等待商城处理订单后物流公司送货。

2．自动支付模式

单击“自动支付模式”按钮进入自动支付界面，如图 1–15 所示。

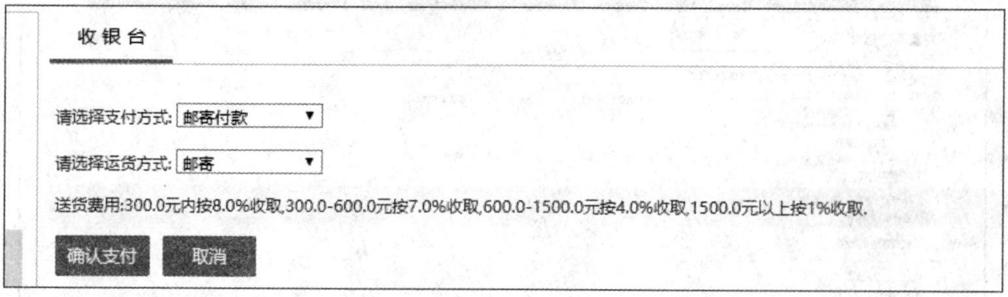

图 1–15　自动支付界面

选择支付方式为“邮寄付款”，运货方式为“邮寄”后，单击“确认支付”按钮，自动支付即转账成功，需要用户到邮局邮寄货款给商城，等待商城订单处理后，邮寄回商城用户所购买商品，至此，商城用户购买完成。

1.2.5　实训考核

（1）通过“查询日志”查看自己实训的完成情况。

（2）学生完成实训以后，填写主界面的实训报告并提交教师，以备教师批阅。

（3）系统会自动根据学生所完成的操作进行打分，并且教师可以修改。

1.2.6　实训总结

现实中的 B2C 网站已经非常普遍，通过使用博星电子商务教学实训软件中后台部署的 B2C 网站可以发现，网站前台显示可以对后台中的处理随时做出响应，便于商城中商品类别、商品名称等信息的管理，学生可以将商城部署成为自己期望的样子。通过本实训，学生了解了一个真实网站的后台是如何部署、如何搭建的，同时也体会了网上购物的过程。

1.3　CA 证书认知及应用实训

1.3.1　实训概述

CA（Certificate Authority，数字证书）是 PKI 的核心元素，由认证机构服务者签发，它是数字签名的技术基础保障，是网上实体身份的证明。在电子商务系统中，所有实体的证书都是由证书授权中心即 CA 中心分发并签名的。CA 中心为每个使用公开密钥的用户发放一个数字证书，数字证书的作用是证明证书中列出的用户合法拥有证书中列出的公开密钥。CA 机构的数字签名使攻击者不能伪造和篡改证书。如果用户想得到一份属于自己的证书，他应先向 CA 机构提出申请，在 CA 判明申请者的身份后，便为他分配一个公钥，并且 CA 将该公钥与申请者的身份信息绑在一起，并为之签字后，便形成证书发给申请者。

1.3.2　实训目标

（1）全面了解有关 CA 的各种概念，如数字签名、CA、PKI。

（2）会使用博星电子商务教学试验系统中的 CA 模块申请 CA 证书。

（3）以管理员身份制作、颁发 CA 证书，查看安全站点。

1.3.3　实训任务

（1）登录系统主界面，进入 CA 安全中心。

（2）查看关于 CA 的理论知识。

（3）申请数字证书。

（4）用管理员身份登录，制作 CA 证书。

（5）导入证书，查看安全站点。

（6）在“在线考试”模块进行本次实训的在线练习，再次巩固实训效果。

1.3.4 实训步骤

登录系统主界面以后，单击“CA”按钮进入 CA 安全中心，如图 1–16 所示。

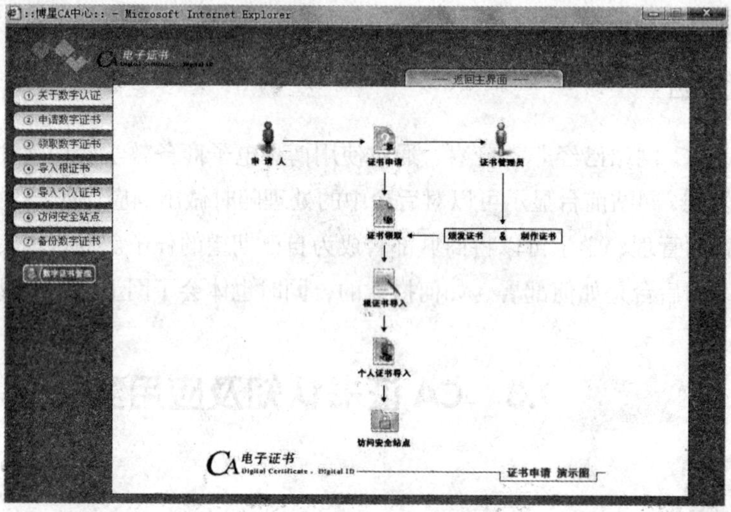

图 1–16　CA 安全中心界面

左侧的“关于数字认证”是 CA 的理论知识。

单击“申请数字证书”按钮，填写相关信息，如图 1–17 所示。

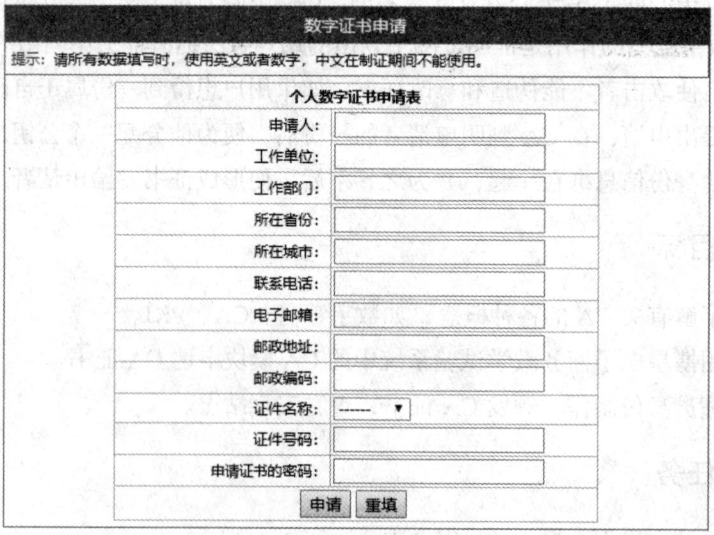

图 1–17　数字证书申请界面

注意：由于数字证书制作工具只识别英文与数字，申请时请使用英文信息。

单击“申请”按钮，等待审批和证书发放，如图 1–18 所示。

图 1–18　证书申请成功界面

对用户所申请的证书审核通过，输入管理员用户名、密码 admin，如图 1–19 所示。

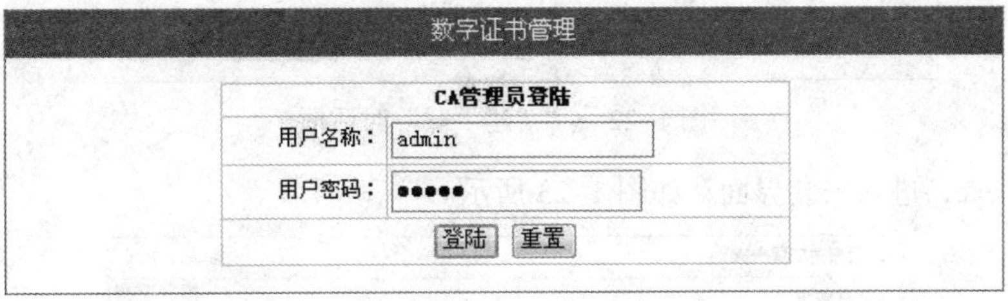

图 1–19　证书审核

进入管理界面，如图 1–20 所示。

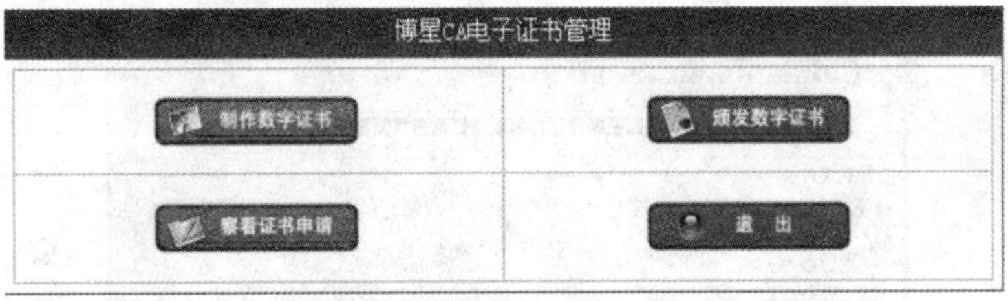

图 1–20　证书管理界面

单击“制作数字证书”按钮，进入图 1–21 所示的界面。

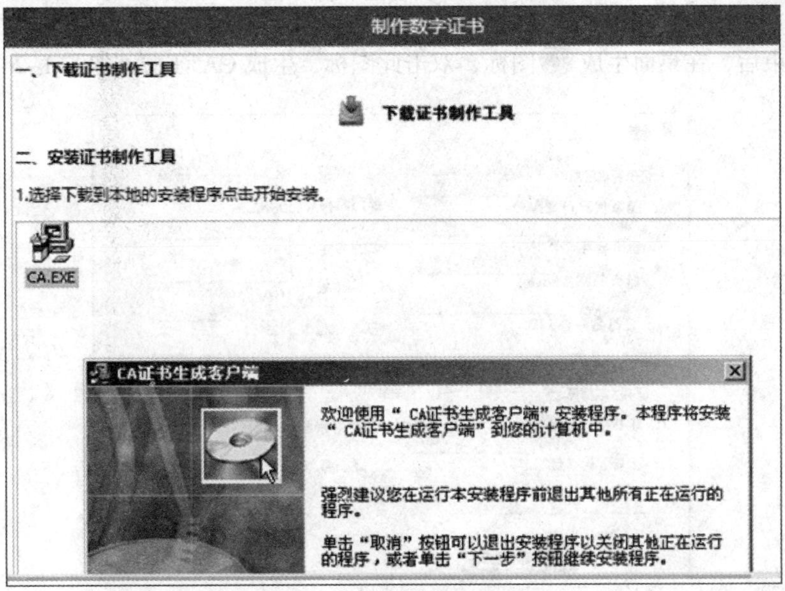

图 1–21　制作数字证书界面

单击“下载证书制作工具”按钮，弹出“新建下载”对话框，将其保存在本地计算机上，如图 1–22 所示。

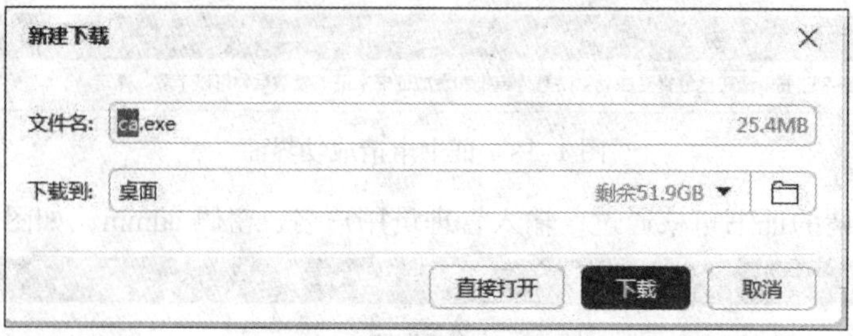

图 1–22 “新建下载”对话框

双击 ca.exe，进入安装界面，如图 1–23 所示。

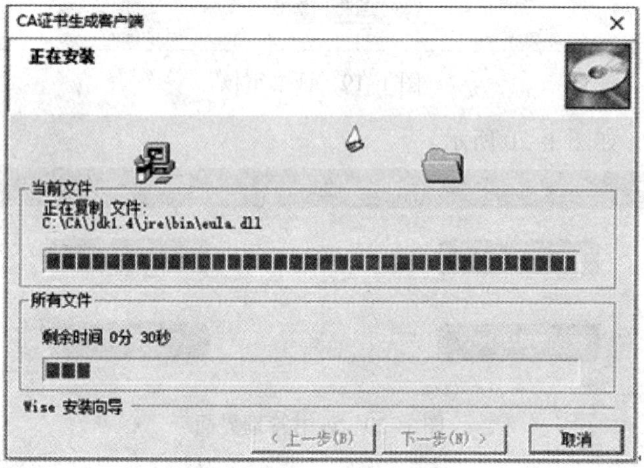

图 1–23 安装证书制作工具

安装结束后，在桌面生成图标，双击此图标，生成 CA 证书，如图 1–24 所示。

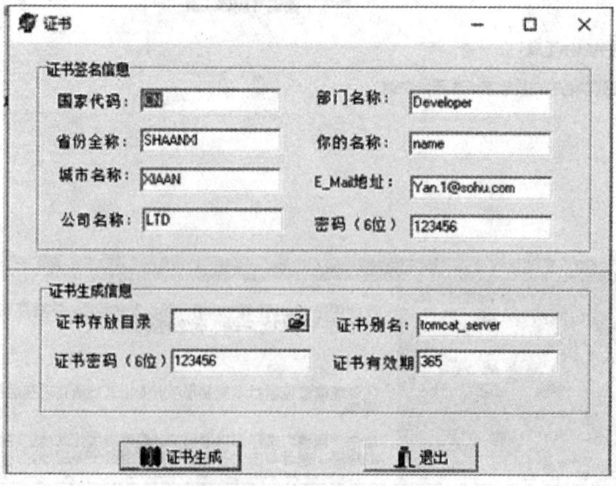

图 1–24 生成 CA 证书

证书生成后选择证书存放的目录，如图 1–25 所示。

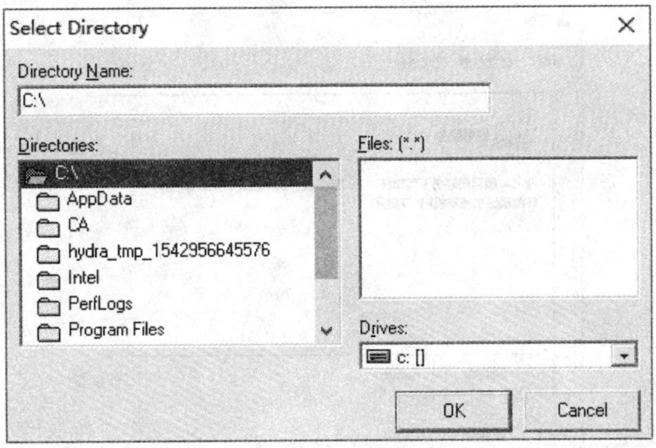

图 1–25　选择证书存放的目录

注意：选择证书存放目录的绝对地址中不能包含汉字、空格等字符。否则，将导致证书制作失败，如图 1–26 所示。

图 1–26　证书制作失败示例

输入正确的路径后，系统会弹出证书装载页面，按照提示完成操作，如图 1–27 所示。

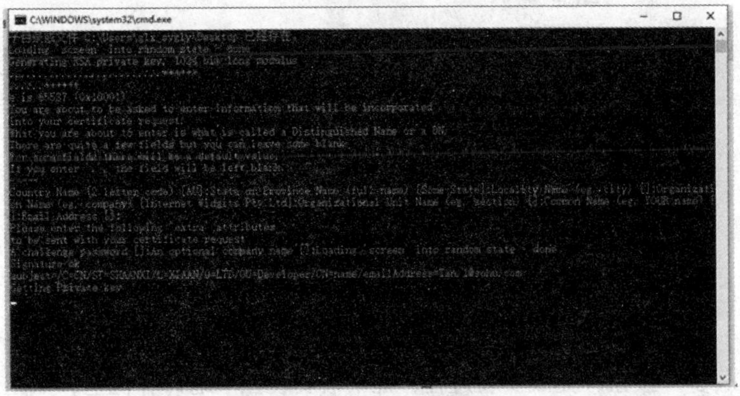

图 1–27　证书装载界面

装载完成后，弹出“证书”对话框，如图 1–28 所示。

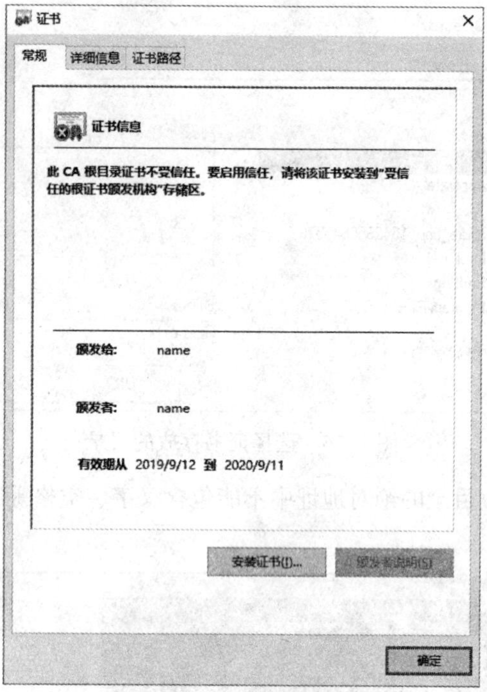

图 1–28 “证书”对话框

单击“安装证书”按钮，按提示进入证书安装向导界面，如图 1–29 所示。

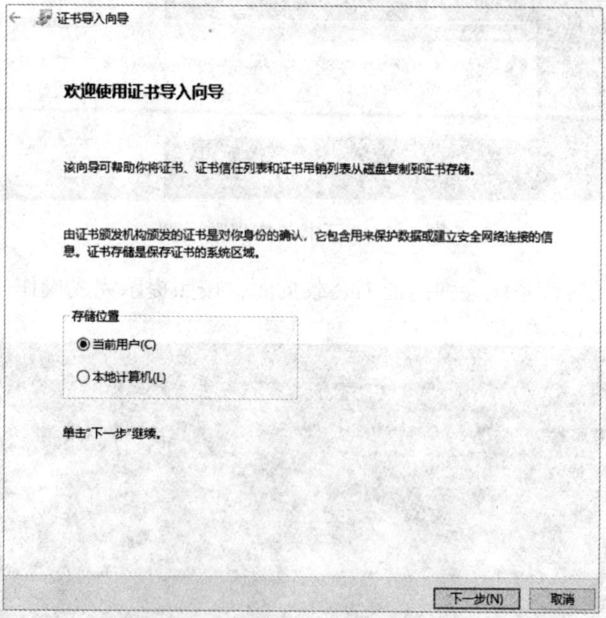

图 1–29 证书安装向导界面

单击“下一步”按钮，完成安装过程，证书被安装在本地计算机上，如图 1–30 所示。在 IE 浏览器中选择“工具”→“Internet 选项”命令，在弹出的对话框中选择“内容”

选项卡，单击“证书”按钮，弹出图 1–31 所示的对话框。

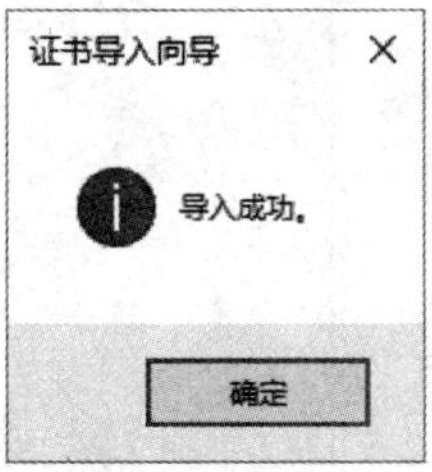

图 1–30　证书安装成功

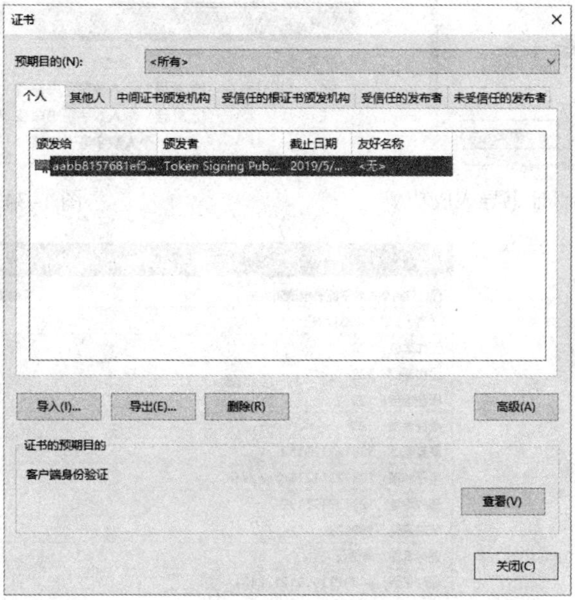

图 1–31　导入证书

单击“导入”按钮，将所安装的证书进行导入，如图 1–32 所示。

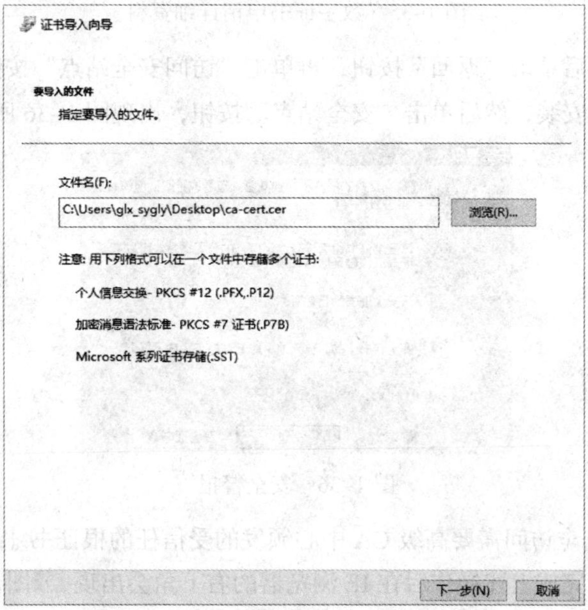

图 1–32　证书导入向导

系统提示导入页面，导入所安装的证书文件，最终名为 name 的证书被成功导入，如图 1–33 所示。

单击“查看证书申请”按钮，对用户所申请的证书进行审核，如图 1–34 所示。

单击“查看具体”按钮，如图 1–35 所示。

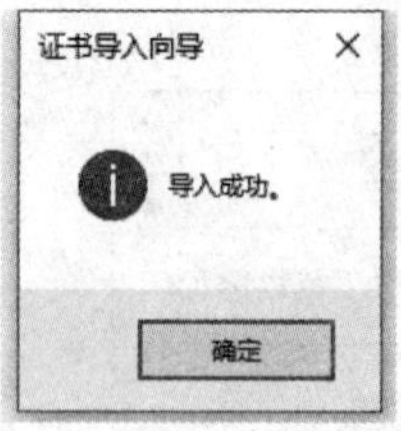

图 1–33　证书导入成功

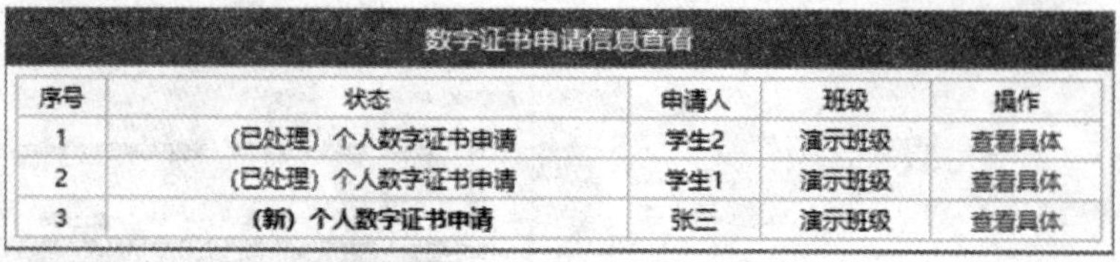

图 1–34　证书审核

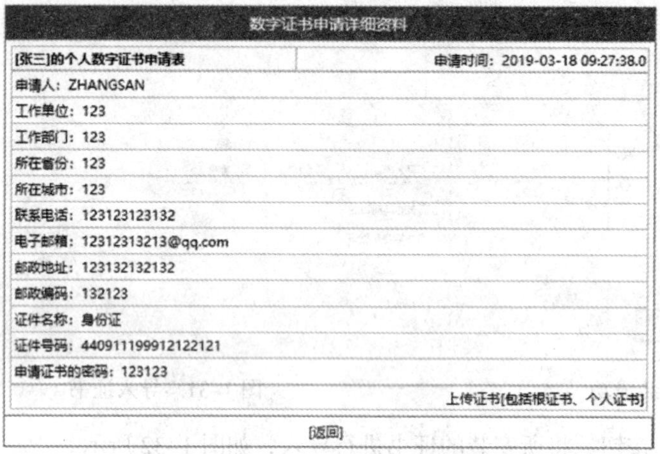

图 1–35　数字证书申请详细资料

查看完详细资料后单击“返回”按钮，再单击“访问安全站点”按钮，它会提示用户是否完成证书的申请和安装，然后单击“安全站点”按钮，出现图 1–36 所示的对话框。

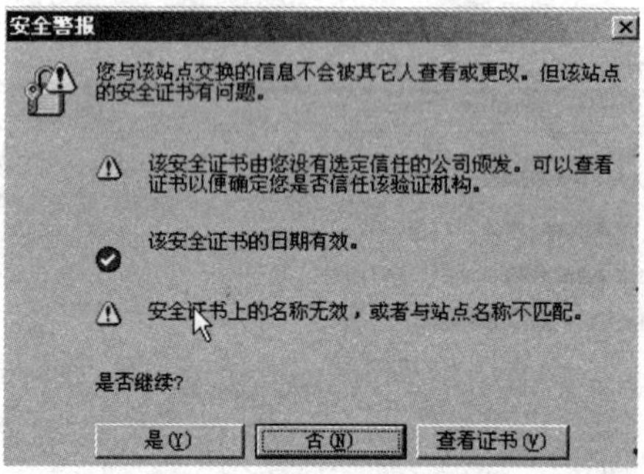

图 1–36　安全警报

这是由于 SSL 安全访问需要高级 CA 中心颁发的受信任的根证书才可通过，所以这里单击“是”按钮即可。完成上述操作后在 IE 浏览器的右下角会出现图标，把鼠标指针移到该图标上去会显示“可靠的 SSL（128 位）”，如果看不到，说明 IE 浏览器认证加密，需要升级 IE 浏览器，或在线访问升级网站。另外，地址栏中平时用的 http 协议也换成了 https 协议。

接下来还可以进行数字证书备份，其步骤如下：

（1）启动 IE，选择“工具”→“Internet 选项”命令。

（2）弹出“Internet 选项”对话框，单击“内容”选项卡中的“证书”按钮，在弹出的对话框中选择“受信任的根证书颁发机构”选项卡，如图 1–37 所示。

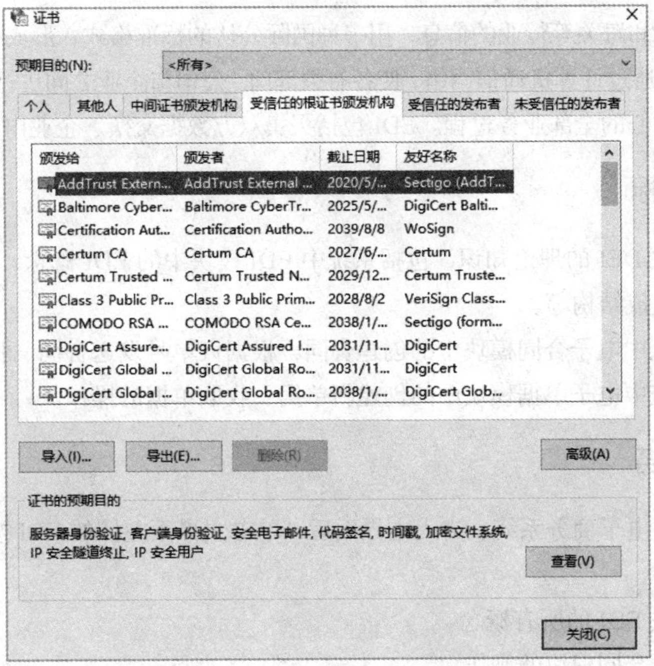

图 1–37　受信任根证书颁发机构

（3）选择需要导出的证书后单击“导出”按钮，按照提示进行操作即可将证书导出到指定的地方进行备份。

1.3.5　实训考核

（1）按照步骤检查是否做完了全部操作。

（2）可以到考试中心了解有关 CA 认证的理论知识，加深理解。

1.3.6　实训总结

电子商务交易中，安全问题是一个很重要的问题，同时也是影响和制约电子商务发展的一个重要因素。毫不夸张地说，如果能够解决电子交易的安全问题，那么电子商务一定会有突飞猛进的发展。而 CA 安全证书就解决了网上的安全问题，对于网上电子交易来说，做好安全认证将会极大地提高交易成功概率。

1.4　电子数据交换 EDI 实训

1.4.1　实训概述

EDI（Electronic Data Interchange，电子数据交换）是一种利用计算机进行商务处理的方式。在基于互联网的电子商务普及应用之前，曾是一种主要的电子商务模式。EDI 是将贸易、运输、保险、银行和海关等行业的信息，用一种国际公认的标准格式，形成结构化的事务处理的报文数据格式，通过计算机通信网络，使各有关部门、公司与企业之间进行数据交换与处理，并完成以贸易为中心的全部业务过程。EDI 包括买卖双方数据交换、企业内部数据交换等。

1.4.2 实训目标

（1）掌握有关 DEI 的理论知识，包括系统中 EDI 模块中的 EDI 概念、EDI 的影响、EDI 的标准、EDI 的组成结构等。

（2）掌握系统中电子合同模块中的创建合同，根据订单号发送合同、收取合同。

（3）掌握系统中电子单据模块中的创建新单据、收取单据的操作。

1.4.3 实训任务

（1）登录博星电子商务系统，进入主界面后，单击主界面左侧的 EDI 按钮进入电子单据中心。

（2）学习有关 EDI 的所有概念。

（3）进行电子合同模块的操作。

（4）进行电子单据模块的操作。

1.4.4 实训步骤

实际上，EDI 的存在是和购买、下订单联系在一起的，本次实训只是介绍系统 EDI 的功能，具体的应用在后面的 B2B 实训中讲解。

登录博星电子商务教学系统主界面，单击左侧的 EDI 按钮，进入图 1–38 所示的界面。

单击“电子合同”按钮，进入图 1–39 所示的界面。

电子合同是有关合同的各项操作，单击“创建新合同”按钮可以创建新合同，如图 1–40 所示。

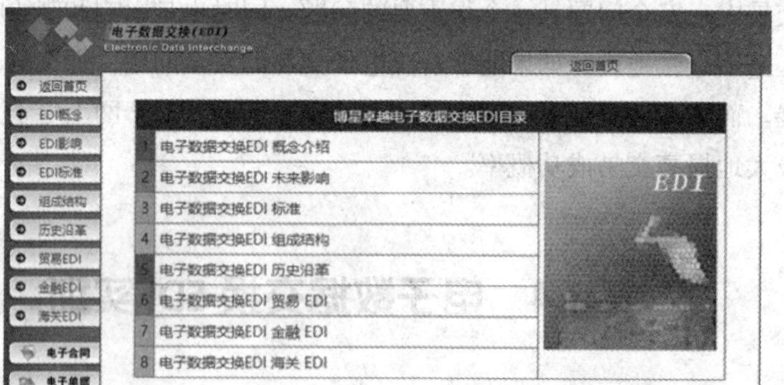

图 1–38 EDI 目录

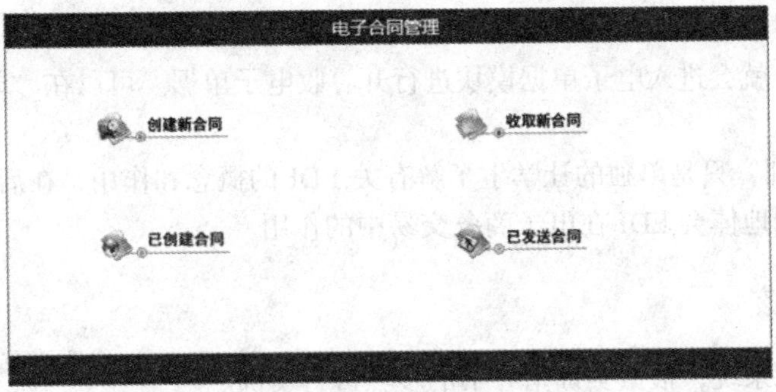

图 1–39　电子合同管理界面

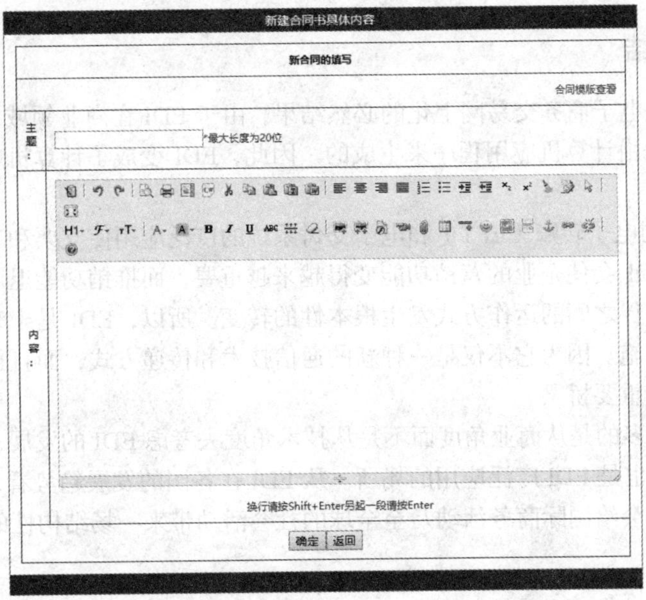

图 1–40　创建新合同

填写合同的主题和内容后单击“确定”按钮，然后在已创建合同中找到合同，根据订单号发送合同。

此页面还提供了合同模板查看，可以查看标准的合同格式。还可以在收取合同处收取别人发送给自己的合同。

单击图 1–38 中的“电子单据”按钮，进入图 1–41 所示的界面。

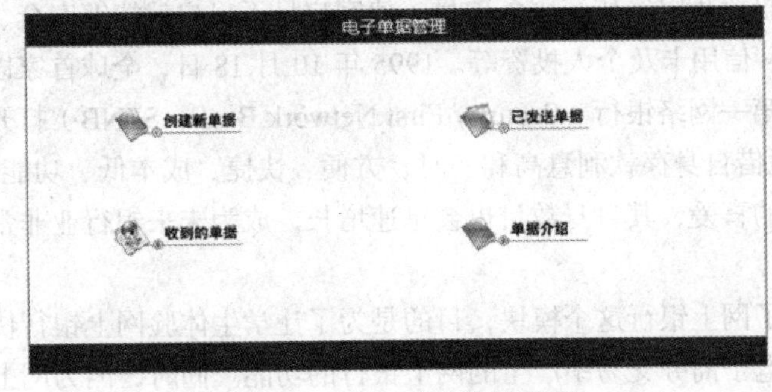

图 1–41　电子单据管理界面

当涉及网上付账的环节时，就会用到电子单据，电子单据是一种契约。根据系统中流程的设计，付账后，就会进入电子单据模块进行开、收电子单据。可以在“单据介绍”中查看有关单据的概念。

此次 EDI 实训，只是单独的让学生了解有关 EDI 的概念和作用，在后面的 B2B 综合实训中，才能更深刻地体会 EDI 在电子商务交易中的作用。

1.4.5 实训考核

（1）学生登录系统，根据实训指导书的步骤进行实训。

（2）完成实训以后，进入“在线考试”模块进行本次实训的练习，巩固实训效果。

1.4.6 实训总结

EDI 的发展是电子商务交易网上化的必然结果，由于 EDI 在商业领域的大量使用，越来越多的商业单证是由计算机应用程序来生成的。因此，EDI 变成了计算机应用程序之间所进行的信息交换。

EDI 所支持的电子转账（EFT）和电子支付系统的广泛应用使支票和其他传统纸面付款凭证大量减少。EDI 会使企业的营销功能变得越来越重要，而推销功能退居其次。EDI 无疑会促使未来商业伙伴之间的运作方式发生根本性的转变。所以，EDI 是未来世界经济发展中一个重要的基础设施。因为它不仅是一种新的通信技术和传递方式，而且也是联系国际生产和国际商务活动的重要桥梁。

目前，人们更多的是从商业角度而不是从技术角度去考虑 EDI 的发展，因为商业领域是 EDI 的动力源泉，也是 EDI 广泛应用的场所。从 EDI 在各国的发展趋势看，EDI 在商业领域中的应用和发展将会给国际商务活动乃至全球的社会活动带来一场结构性的革命。

1.5 网上银行认知实践

1.5.1 实训概述

网上银行又称网络银行、在线银行或电子银行，它是各银行在互联网中设立的虚拟柜台，银行利用网络技术，通过互联网向客户提供开户、销户、查询、对账、行内转账、跨行转账、信贷、网上证券、投资理财等传统服务项目，使客户足不出户就能够安全、便捷地管理活期和定期存款、支票、信用卡及个人投资等。1995 年 10 月 18 日，全球首家以网络银行冠名的金融组织——安全第一网络银行（Security First Network Bank，SFNB）打开了它的“虚拟之门”。网络银行将凭借自身存款利息高和实时、方便、快捷、成本低、功能丰富的 24 h 服务获得越来越多客户的喜爱，其自身数目也会迅速增长，成为未来银行业非常重要的一个组成部分。

本实训中设计了网上银行这个模块，目的是为了让学生体验网上银行快速便捷的优点，以便更深刻地理解电子商务交易中产生的网上银行的功能。同时，因为网上交易不同于现实交易的安全性，也必须考虑网上银行未来的发展，如安全性、隐私性等。

1.5.2　实训目标

（1）理解网上银行的有关含义。

（2）会使用本系统提供的转账、存钱等功能进行操作。

1.5.3　实训任务

因为网上银行模块是依赖于电子商务交易存在的，所以进行本次实训必须进入课堂才能体会网上银行的含义与优势。

（1）登录系统并进入课堂，根据操作流程要求申请 B2C 银行账号。

（2）使用系统中提供的功能进行银行服务体验。

（3）商城用户购买商品，体验网上银行的方便快捷。

1.5.4　实训步骤

登录本系统主界面后进入课堂（以 B2C 为例），进入 B2C 商城以后，首先要注册 B2C 银行账号，可以单击系统主界面的“银行模块”注册 B2C 银行账号，如图 1–42 所示。

单击“注册”按钮注册银行账号，注意选择 B2C 账号。注册账号以后，等待教师开通，开通后即可在此处登录，然后进行各项操作。登录成功界面如图 1–43 所示。

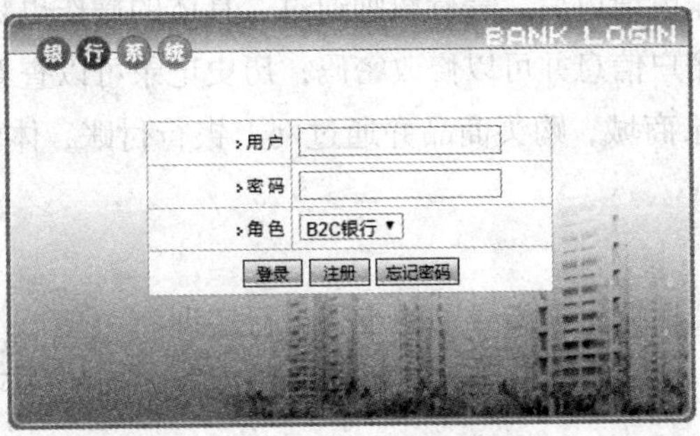

图 1–42　银行系统注册界面

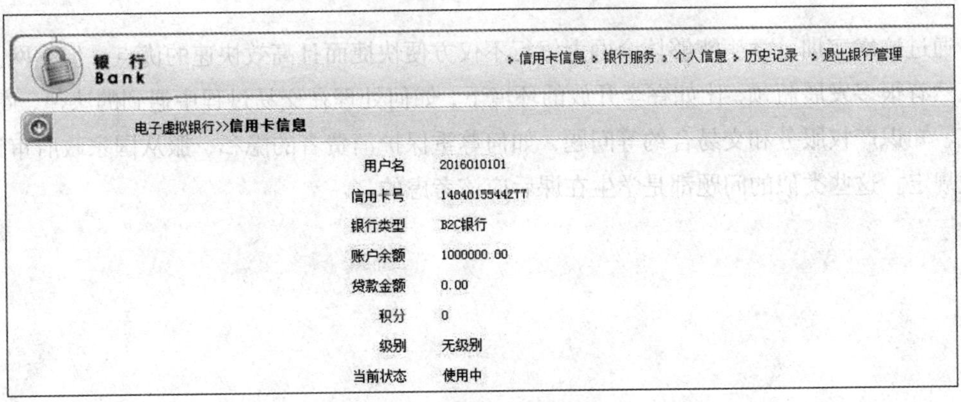

图 1–43　银行系统登录成功界面

单击上方的“银行服务”按钮，进入图 1–44 所示的界面。

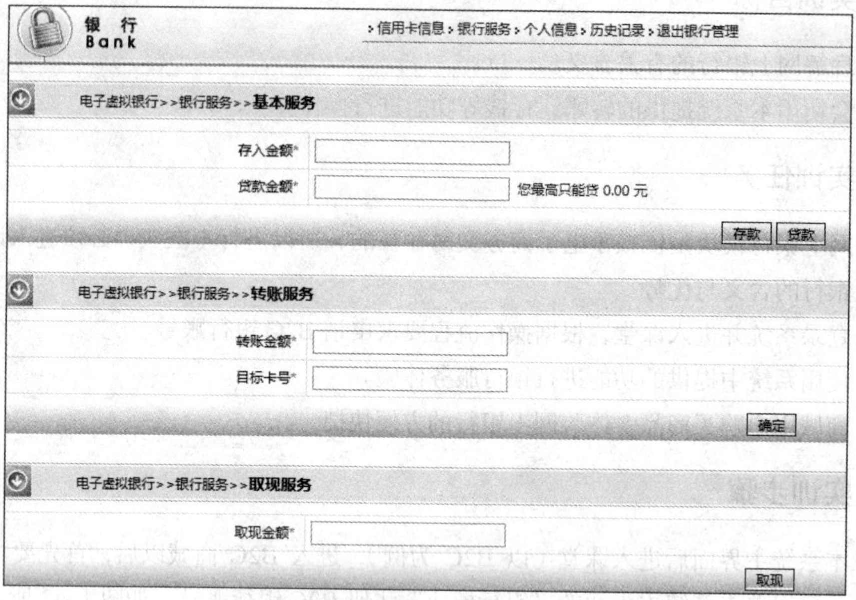

图 1–44　银行服务界面

在此处可以进行存款、转账、取现等服务，贷款是需要信用额度的，跟现实中的道理是一样的。提交了各项操作申请以后，等待教师通过，具体的操作也是很简便的。在上方还有个人信息，可查看个人账户信息并可以修改密码；历史记录可以查看历史操作记录。

商城用户注册并登录商城，购买商品并通过网上银行付账，体验网上银行的方便快捷。

1.5.5　实训考核

（1）学生登录系统，根据实训指导书的步骤进行实训。

（2）完成实训以后，进入“在线考试”模块进行本次实训的练习，巩固实训效果。

1.5.6　实训总结

通过这次实训，学生能够体会网上银行不仅方便快捷而且高效快速的优点，但是网上银行依然有很多发展瓶颈，比如在全开放的环境下，如何处理在交易过程中遇到的法律、商标、语言、知识产权服务和交易合约等问题，如何尊重保护消费者的隐私、服从国家政府审计及其他规定。这些类似的问题都是学生在课后应该考虑的。

第 2 章 电子商务 B2C 模拟实训

2.1 B2C 正常消费实训

2.1.1 实训概述

电子商务教学实训系统 B2C 模式主要模拟电子商务 B2C 交易过程，能将 B2C 交易环境中的相关要素灵活体现，使学生直观体验电子商务环境中角色的变化，认识消费者、销售部、财务部、经理、储运部、退货部、采购部、物流、银行在电子商务交易中的职能。

该模式不仅模拟了电子商务 B2C 交易过程，还模拟了商城内部各部门间的工作流程。这不仅使学生掌握了电子商务 B2C 交易过程，还使学生掌握了商城内部各部门之间的具体操作，同时也熟悉了整个商城的管理。

系统设计首次引入"模块拓展"功能，将财务部、采购部、销售部、储运部、退货部、经理等模块与 B2C 交易相结合，利用先进的计算机网络技术，使电子商务交易中的多元化、兼容性、人性化在教学中体现得淋漓尽致。

因为只能以消费者的身份登录网上的 B2C 网站，购买商品以后根本看不到后台处理的流程，为了让学生更加清楚地认识网站后台处理细节，设计了本次实训。

在本次实训中，以一个小组的配合为主要实训方式，最终让学生体会商城内部各部门之间是如何配合的及交易是如何完成的。

2.1.2 实训目标

（1）了解 B2C 交易的含义，熟悉 B2C 交易流程。

（2）各角色掌握自己角色的操作流程。

（3）掌握 B2C 交易中，后台的详细处理过程。

2.1.3 实训任务

（1）登录博星电子商务教学系统，按照分配的小组，参考实训说明书进行实训。

（2）各小组配合，根据日志提示进行 B2C 正常交易流程。

（3）完成实训流程，填写实训报告，并提交给教师。

2.1.4 实训步骤

因为是以小组的配合进行 B2C 交易流程，所以分别介绍每个角色的操作流程。

1．商城用户

当教师部署好一节 B2C 模式课程以后，学生登录实训系统主界面，如图 2–1 所示，即可进入课堂。

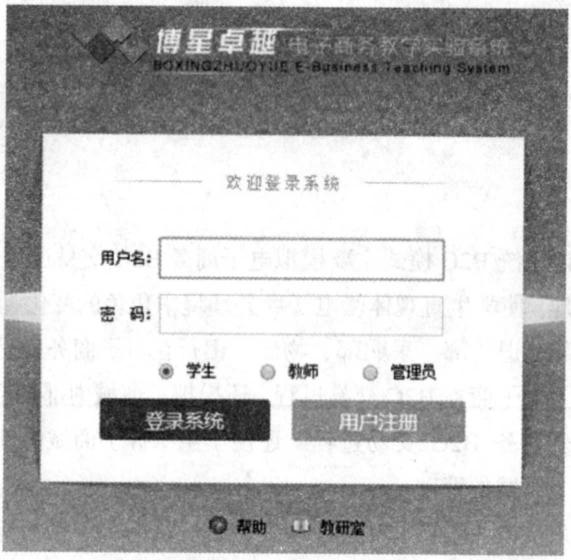

图 2–1　B2C 登录界面

登录成功以后，单击主界面的“进入课堂”按钮进入课堂，如图 2–2 所示。

图 2–2　进入课堂

商城用户登录进入图 2–3 所示的界面。单击“注册”按钮，进行用户注册。阅读用户条约，如果没有问题，选择同意，开始注册。

图 2–3　用户登录界面

在注册账户时，需要首先注册银行账号，才能进行用户注册，如图 2–4 所示。

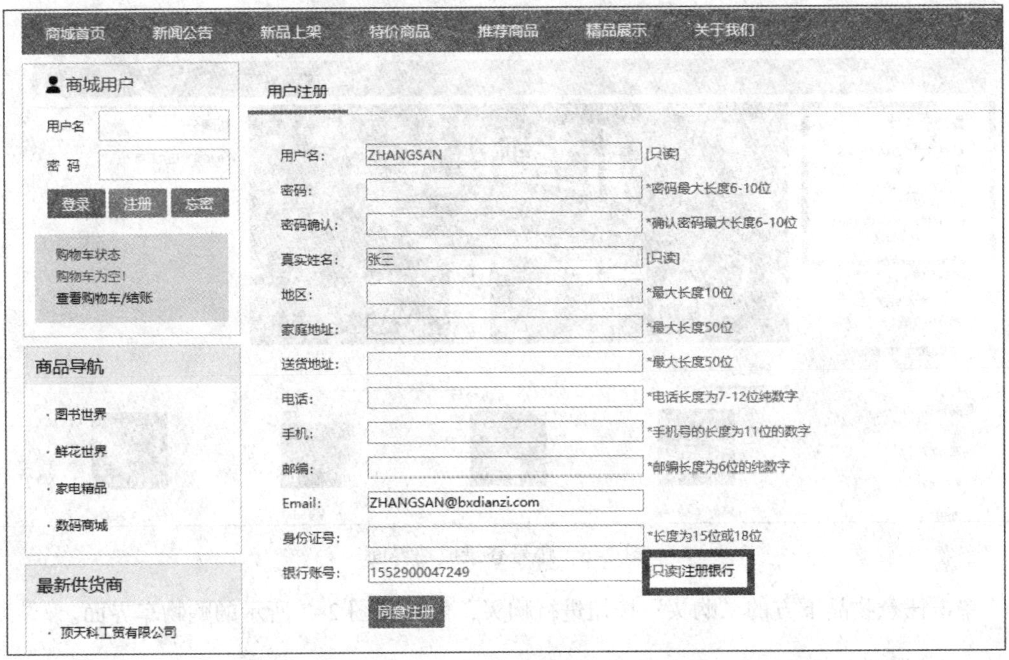

图 2–4　用户注册界面

填写虚拟银行信息，完成银行账号的内容注册，如图 2–5 所示。

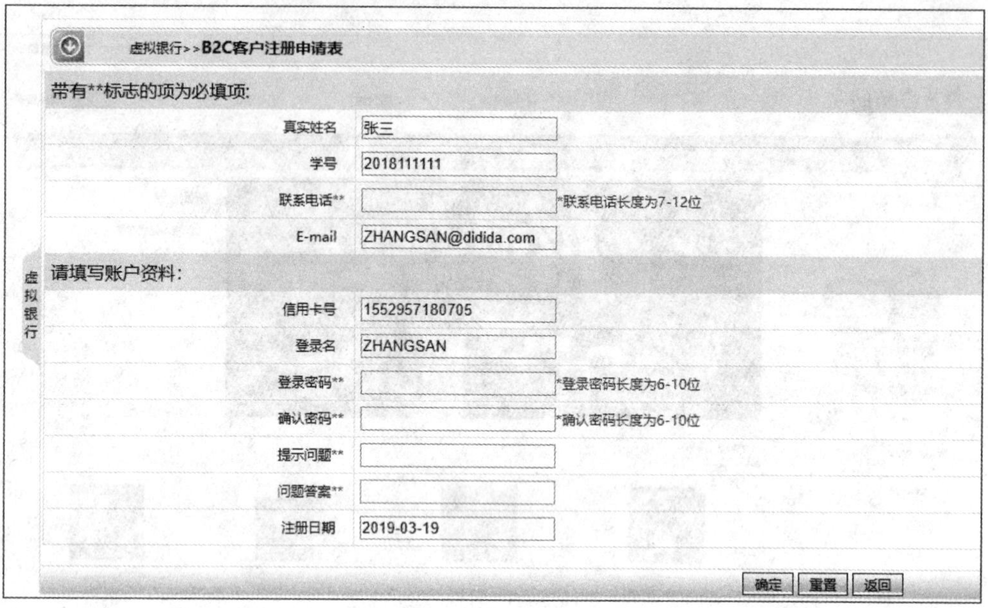

图 2–5　虚拟银行账号注册

注册银行成功后，返回首页登录。登录成功界面如图 2–6 所示。

图 2–6　账号登录成功界面

单击任意物品下方的“购买”按钮进行购买，然后到图 2–7 所示的购物车界面。

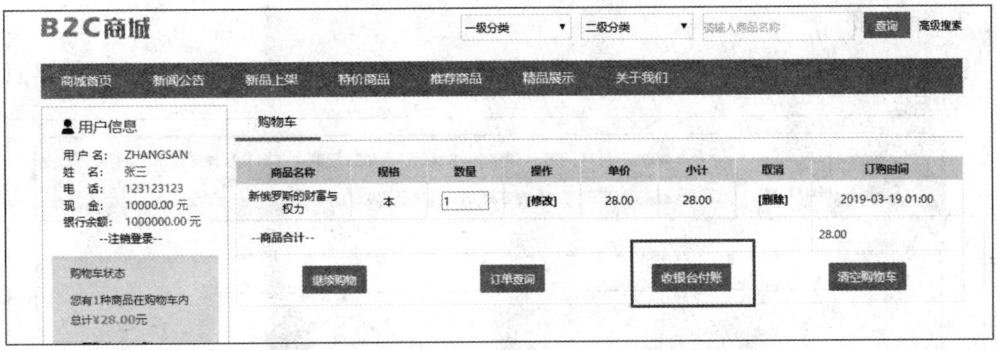

图 2–7　购物车界面

单击“收银台付账”按钮，进入图 2–8 所示的选择支付模式界面。

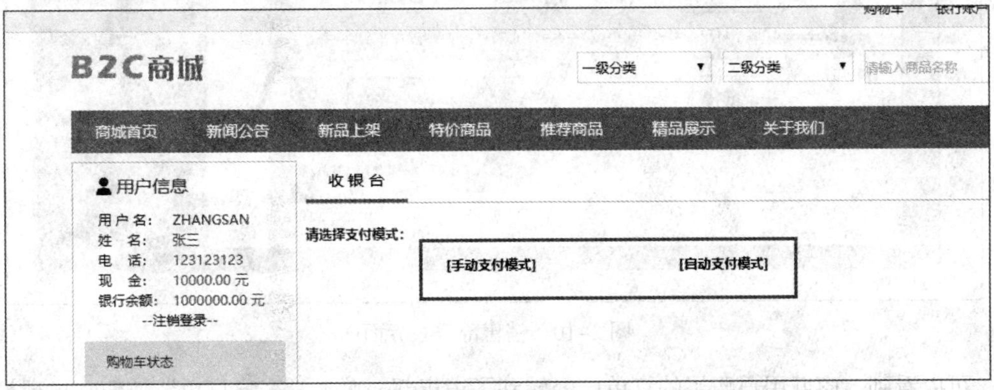

图 2–8　选择支付模式界面

这里选择“手动支付模式”，进入图 2–9 所示的界面。

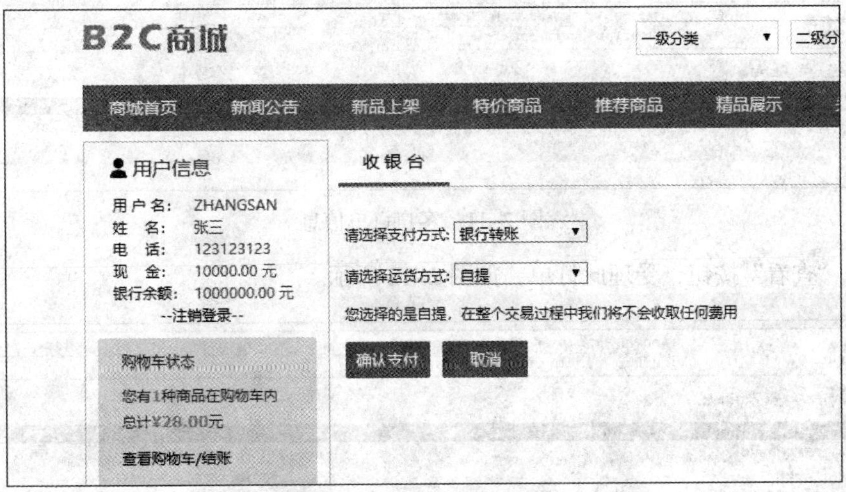

图 2–9　手动支付界面

单击“确认支付”按钮，支付成功，等待下一个环节（销售部）处理。

2. 销售部

销售部角色的学生登录系统以后，单击“进入课堂”按钮，进入图 2-10 所示的界面。

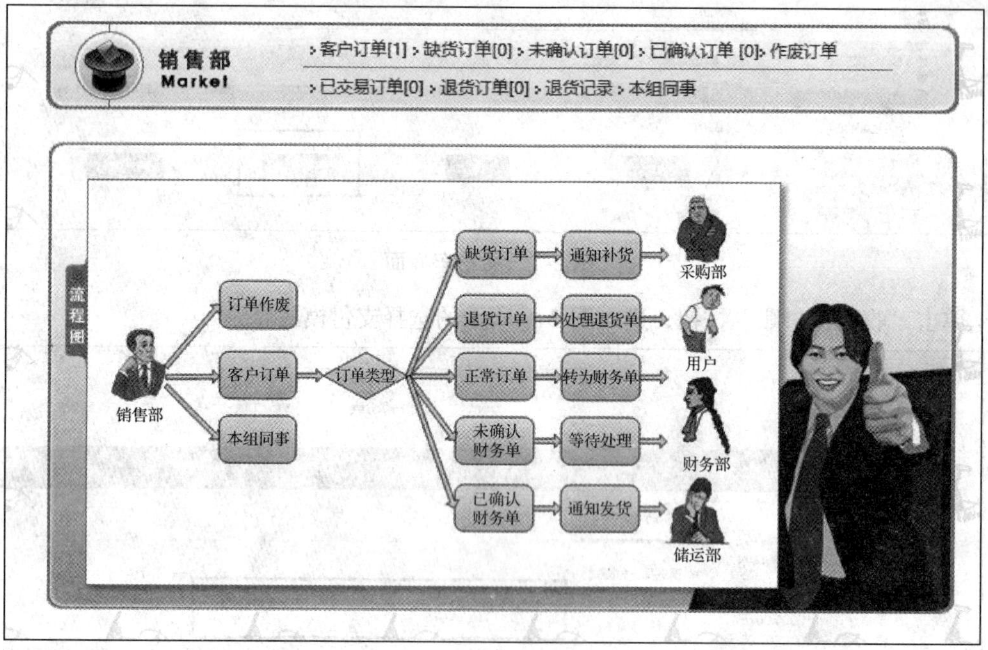

图 2-10 销售部登录界面

可以看到，商城用户购买的订单已经转到了销售部，单击“客户订单”按钮，出现订单详细信息，如图 2-11 所示。

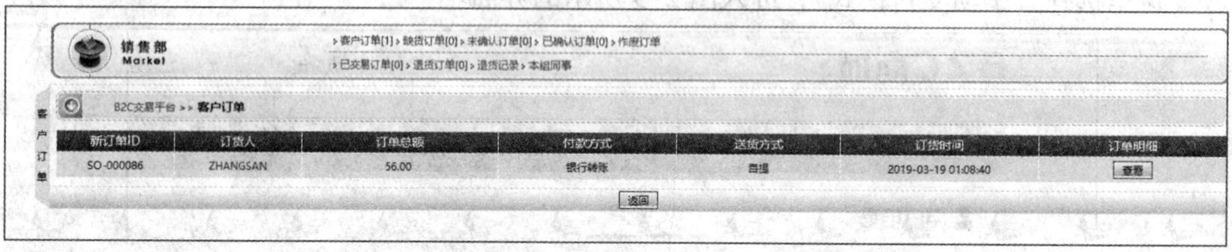

图 2-11 客户订单信息

单击“查看”按钮，受理此订单，如图 2-12 所示。

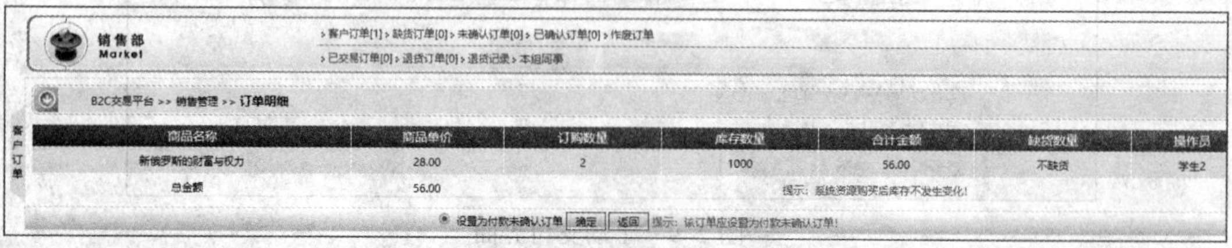

图 2-12 受理客户订单

单击“确定”按钮将订单设置为“付款未确认订单”，订单变为“未确认订单”，如图 2-13 所示。

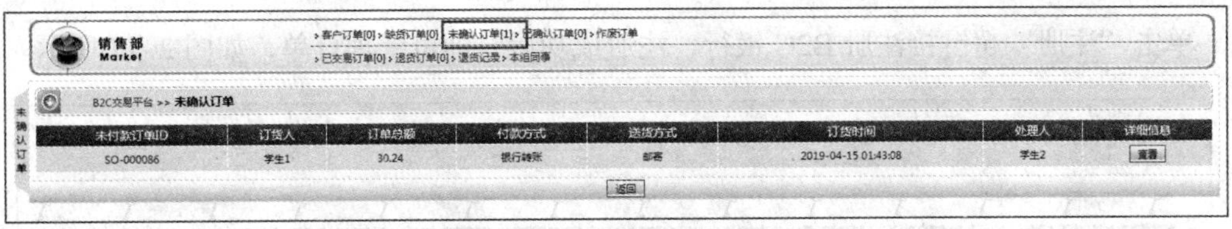

图 2–13　付款未确认订单

单击“查看”按钮受理此未确认订单，如图 2–14 所示。

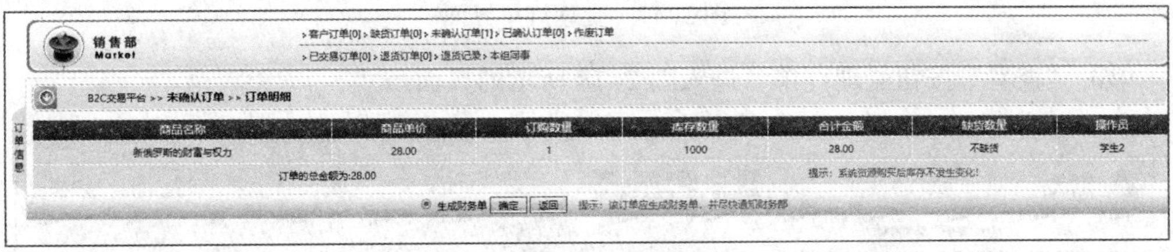

图 2–14　查看未确认订单

单击“确定”按钮将生成财务单据，流程转交到财务部。

3．财务部

财务部角色的学生登录系统以后，单击“进入课堂”按钮进图 2–15 所示的界面。

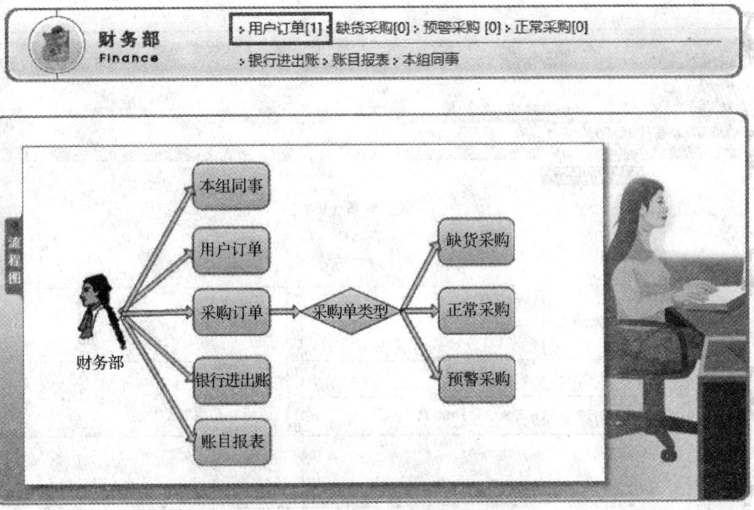

图 2–15　财务部登录界面

单击“用户订单”按钮受理由销售部流转过来的订单。前提是已经注册了银行账号，如果没有注册，系统将提示注册 B2C 银行账号，如图 2–16 所示。

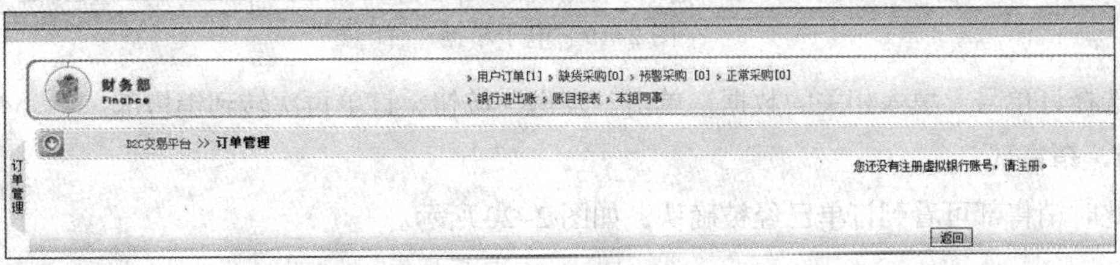

图 2–16　未注册银行账号

单击“注册”超链接注册 B2C 银行，注册成功后，即可受理订单，如图 2–17 所示。

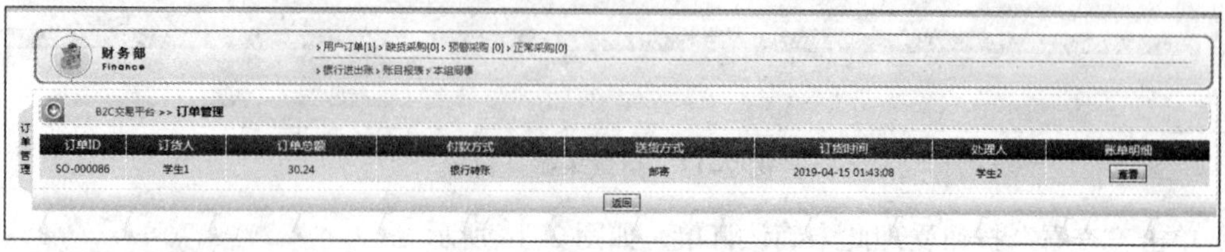

图 2–17　受理订单界面

单击“查看”按钮受理订单，进入图 2–18 所示的界面。

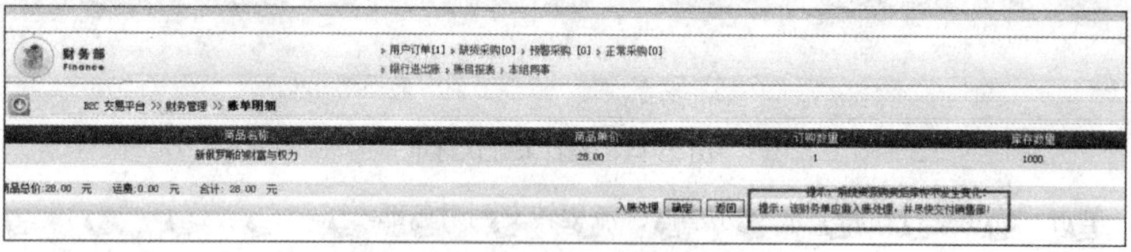

图 2–18　查看受理订单

单击“确定”按钮，财务单据进行入账处理，进入图 2–19 所示的界面。

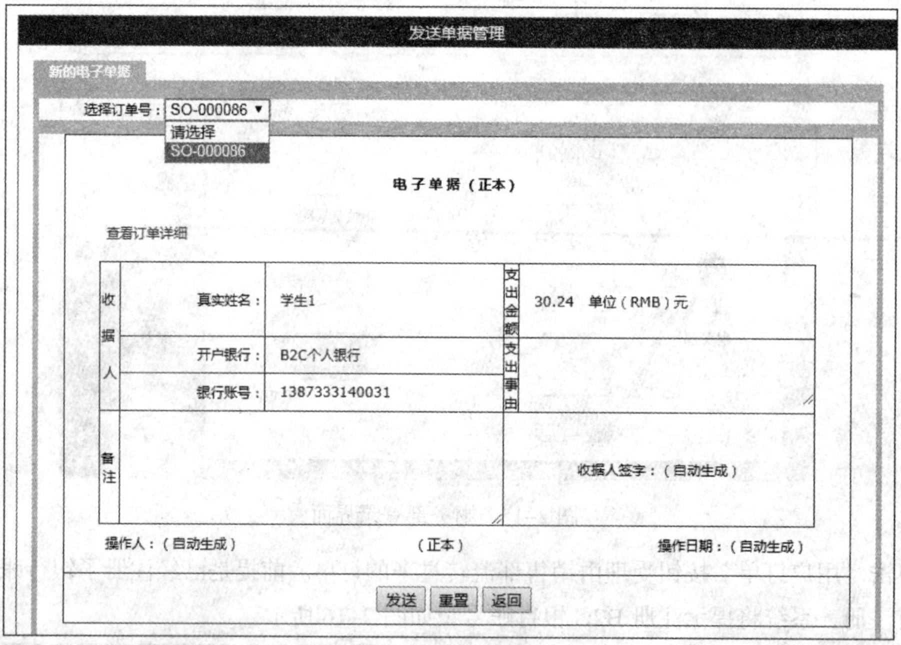

图 2–19　电子单据

选择订单号，填入相关的数据，单击“发送”按钮，订单再次转到销售部。

4．销售部

此时销售部可看到订单已经被确认，如图 2–20 所示。

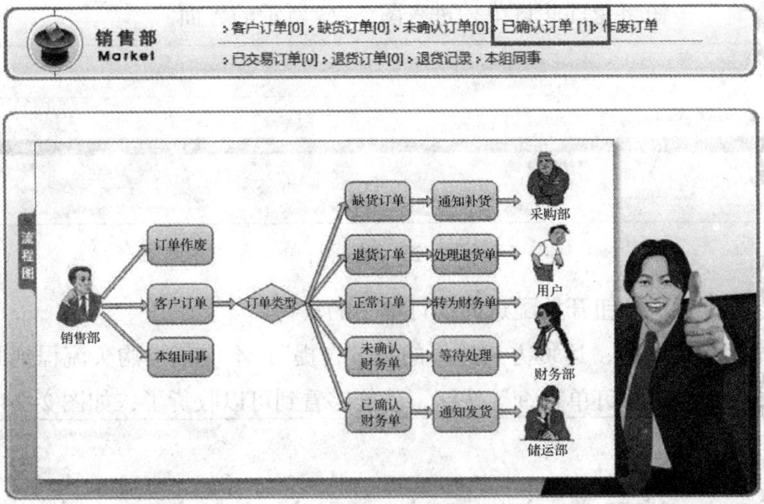

图 2–20　销售部界面

单击“查看”按钮受理此订单，如图 2–21 所示。

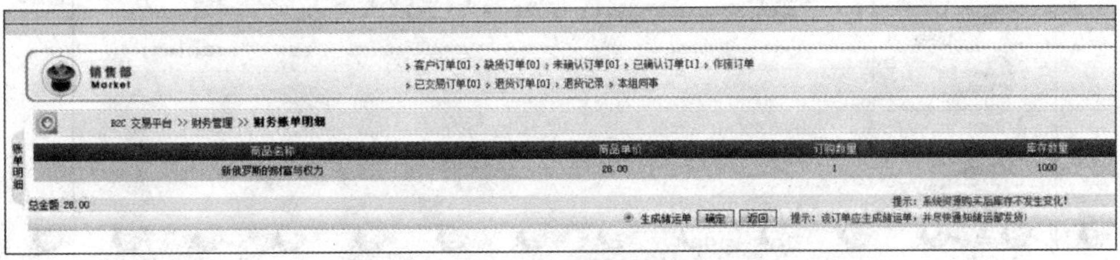

图 2–21　查看订单

单击“确定”按钮生成储运单，订单转到储运部进行处理。

5. 储运部

储运部登录以后，可看到订单已经成功流转过来，如图 2–22 所示。

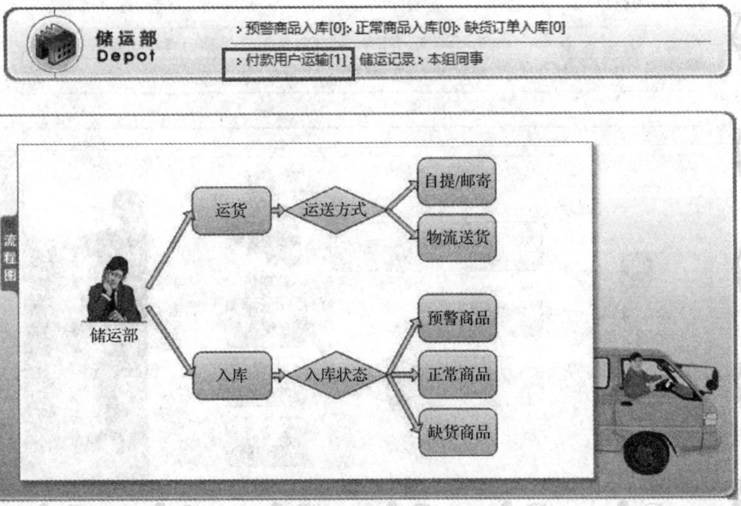

图 2–22　储运部界面

单击“查看”按钮将受理此订单，进入图 2–23 所示的界面。

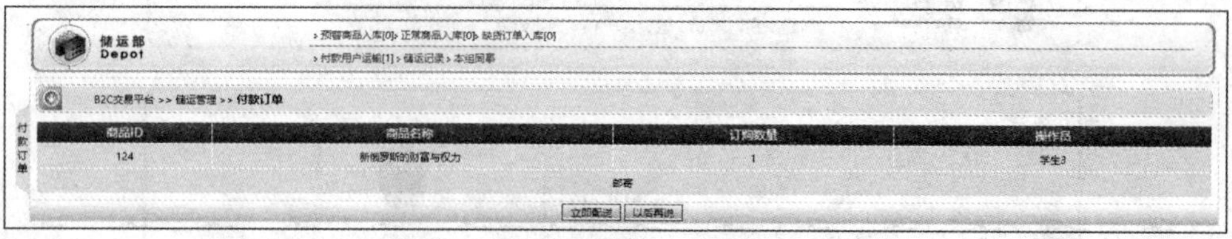

图 2–23　查看订单

单击“立即配送”按钮开始配送此次订单中的货物。

如果商城用户购买时，运货方式选择的是“自提”，本次正常购买流程到此结束，当商城用户登录以后，单击“订单查询”按钮，就能够看到可以收货了，如图 2–24 所示。

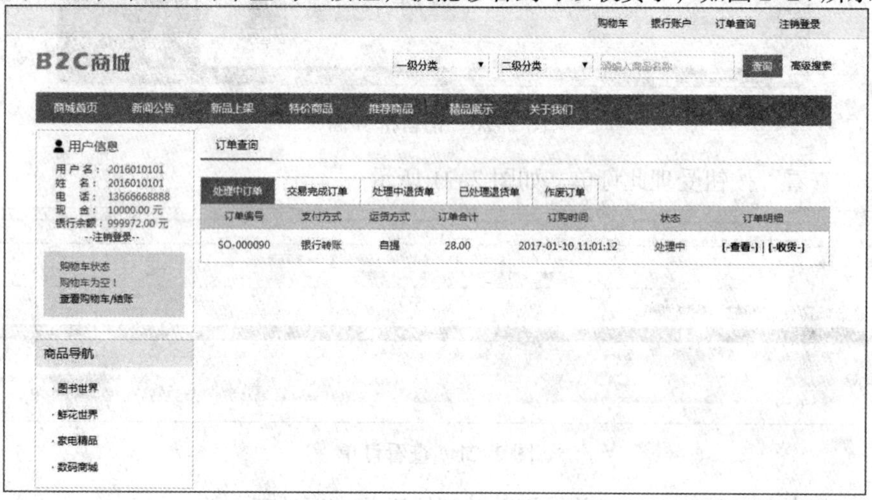

图 2–24　用户订单查询

如果用户的运货方式选择的是“物流运输”，还要通过物流部运输（见图 2–25），商城用户才能收货，才能完成流程。

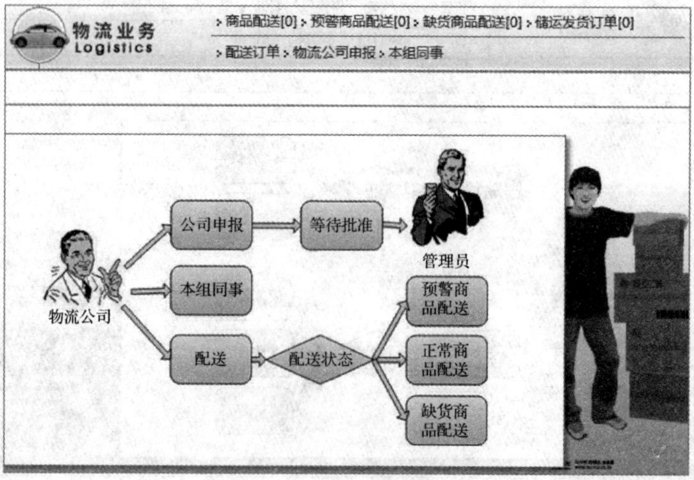

图 2–25　物流部界面

单击“立即送货”按钮，完成产品配送，如图 2–26 所示。

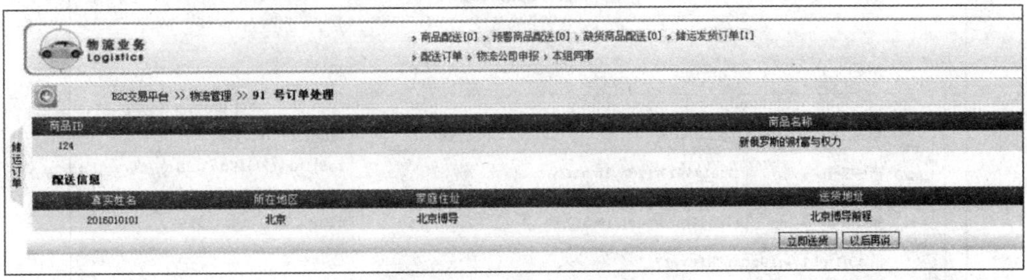

图 2–26　物流订单处理

用户登录商城，单击“订单查询”按钮，如图 2–27 所示。

图 2–27　用户订单查询

进入收货查询界面，单击“订单明细”中“收货”按钮，如图 2–28 所示。

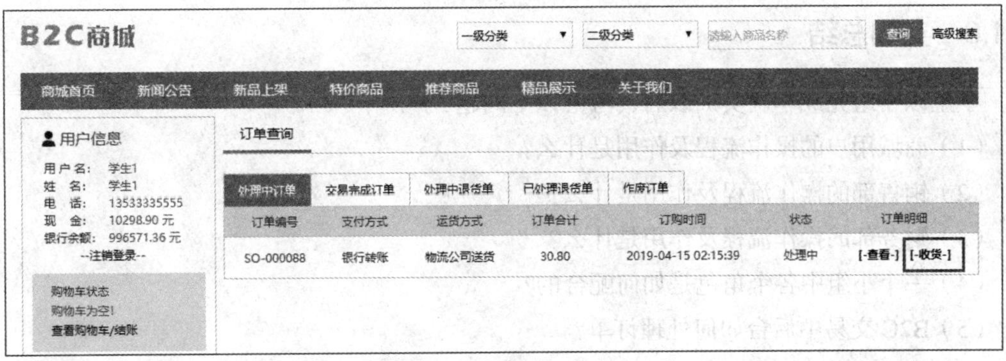

图 2–28　收货查询

然后会看到货品的详细单据情况，此时为了传输安全，数据都是经过加密处理的，需要先对数据进行解密，如图 2–29 所示。

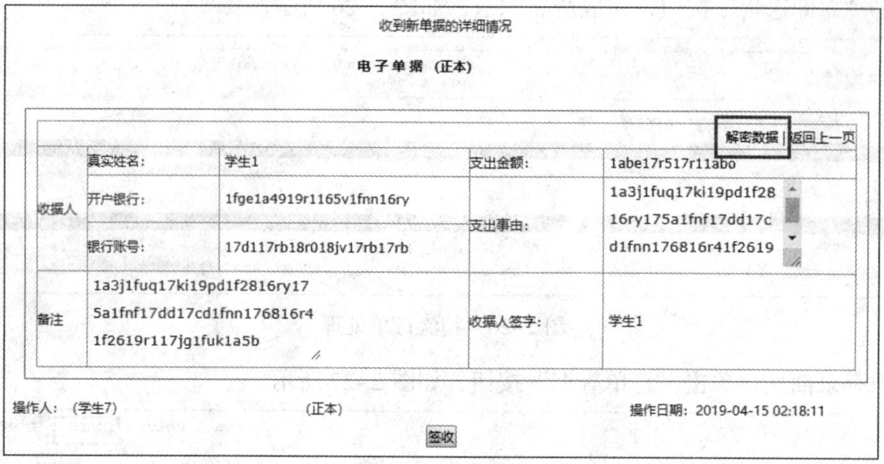

图 2–29　解密电子单据

解密完成后，确认订单信息无误，则单击“签收”按钮，进入图 2–30 所示的界面。

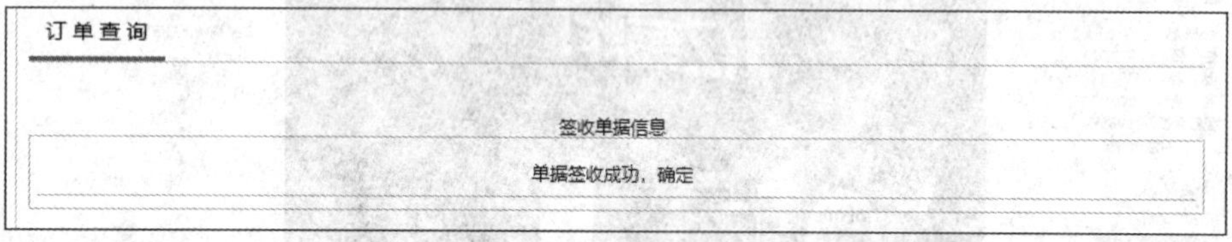

图 2–30　签收单据

产品签收成功，完成全部的交易流程。

2.1.5　实训考核

（1）通过查询日志查看自己实训的完成情况。

（2）学生完成实训以后，填写主界面的实训报告并提交教师，以备教师批阅。

（3）系统会自动根据学生所完成的操作进行打分，并且教师可以修改。

2.1.6　实训总结

学生以小组完成本次实训以后，考虑以下问题：

（1）商城用户的操作流程及作用是什么？

（2）销售部的操作流程及作用是什么？

（3）财务部的操作流程及作用是什么？

（4）一个小组中各个角色是如何配合的？

（5）B2C 交易中后台如何处理订单？

B2C 电子商务模拟实训通过模拟真实的 B2C 交易，使学生详细了解了 B2C 交易流程，并且体会到部门之间相互配合的重要性。

2.2　B2C 正常采购实训

2.2.1　实训概述

本实训主要是让学生通过实训了解企业通过网络进行采购的流程。对于 B2C 的企业而言其采购极为重要，有数据表明，一家公司如果其采购物料的费用占到其销售产品成本的 55%，那么采购费用每下降 1%，对利润增长所作出的贡献，相当于销售额增加 12%~18%所带来的利润增长。国内生产企业，一般情况下采购支出占产品生产成本的 30%~70%，可见采购费用的下降对提高利润率有何等巨大的潜力。通过本次实训，除了让学生了解到采购对于 B2C 模式企业的重要性，还要从所了解到的采购流程中发现问题，帮助真实企业改善采购流程，提高运作效率，为未来的就业和创业奠定基础。

2.2.2　实训目标

（1）熟悉 B2C 采购流程。

（2）熟悉采购部门职能。

（3）熟悉采购后台处理。

2.2.3　实训任务

（1）登录博星电子商务教学系统，按照分配的小组，参考实训说明书进行实训。

（2）各小组配合，根据日志提示进行 B2C 采购流程。

（3）完成实训流程，填写实训报告，并提交给教师。

2.2.4　实训步骤

1. 采购部

当教师部署好一节 B2C 课程时，学生（采购部角色）登录博星电子商务教学实训系统主界面以后，单击“进入课堂”按钮，进入图 2-31 所示的界面。

单击“商品采购”按钮进行采购，因为这是模拟的过程，采购前的货比三家、价格商议等应该提前做好的工作默认已经做好，进入图 3-32 所示的界面。

选择要采购的商品一级分类，选中以后，出现该商品一级分类下的二级分类。在图中选择好二级分类，出现该二级分类下所有的商品，如图 2-33 所示。

单击每一个商品后面的“采购”按钮对该商品进行采购，如图 2-34 所示。

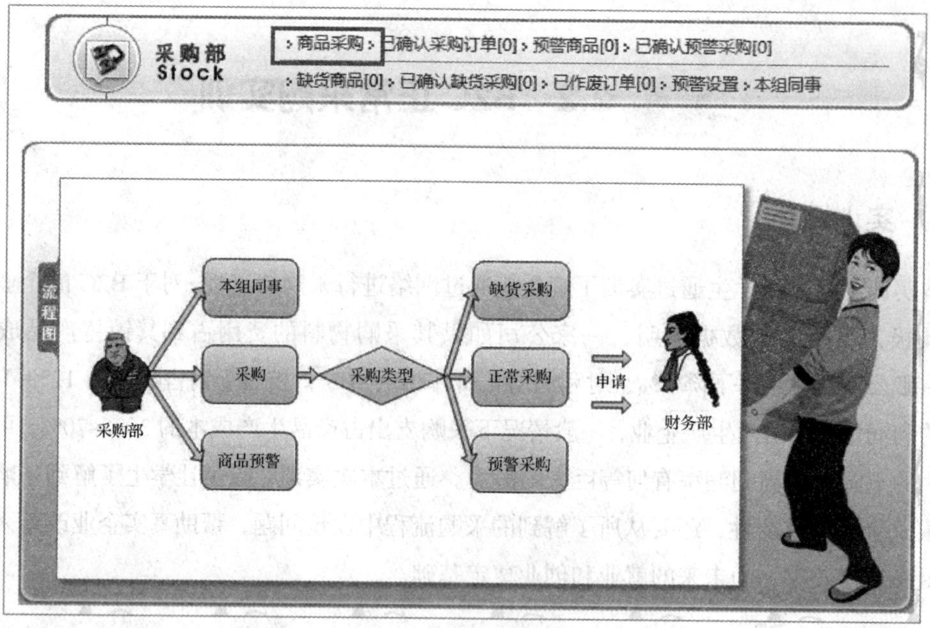

图 2–31　采购部界面

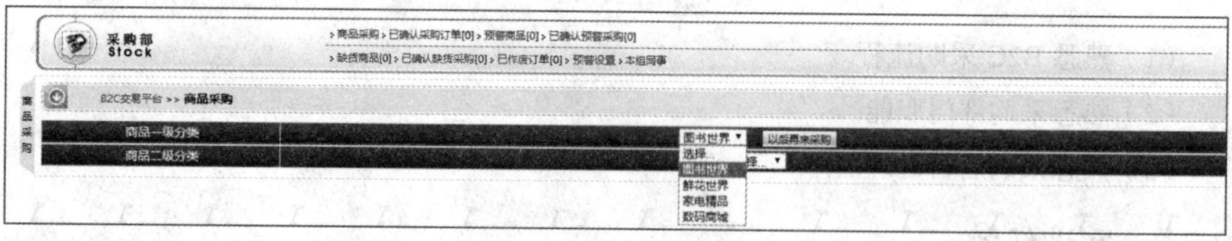

图 2–32　商品采购界面

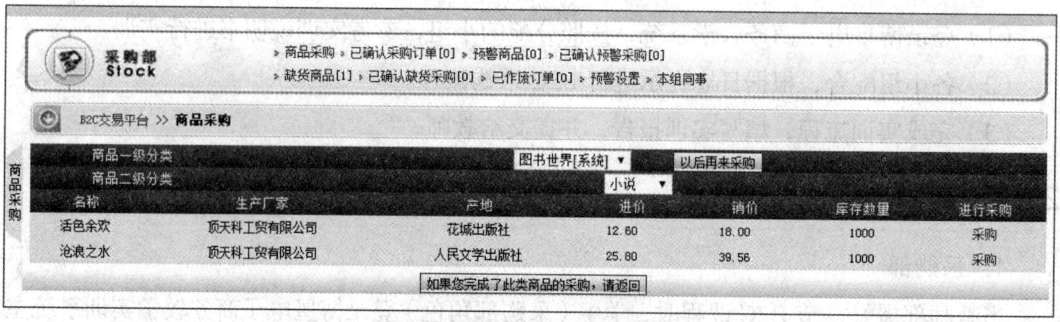

图 2–33　商品采购分类

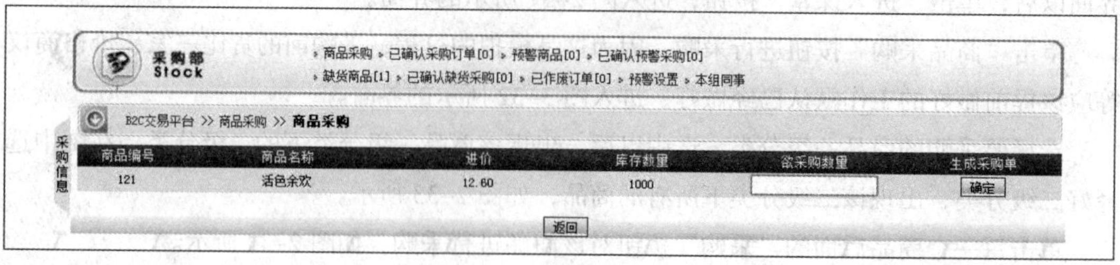

图 2–34　对商品进行采购

填写预计采购的数量，单击“确定”按钮生成采购单。同时，此采购申请提交至财务部进行审核。

2．财务部

财务部角色的学生登录并进入课堂以后，可以看到采购部提交的采购申请已经显示，如图 2–35 所示。

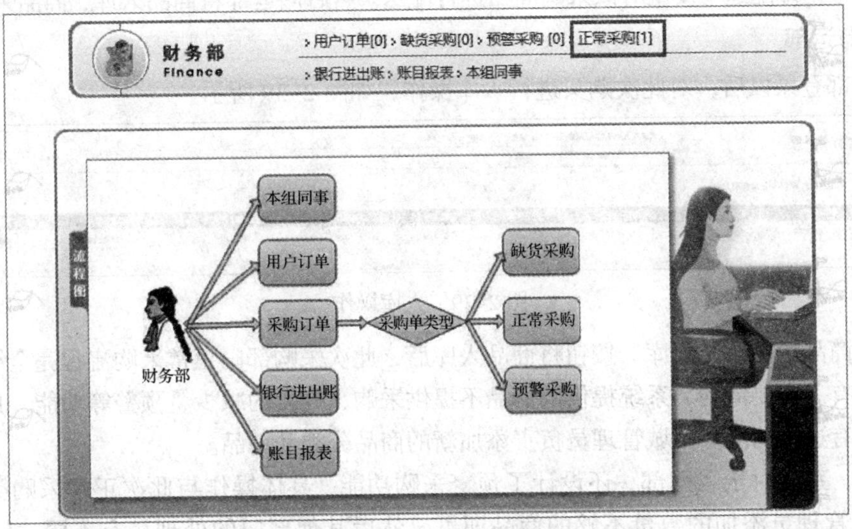

图 2–35　财务部界面

单击“正常采购”按钮，选择将要处理的采购申请，单击“通过”按钮成功通过采购部提交的申请，如图 2–36 所示。

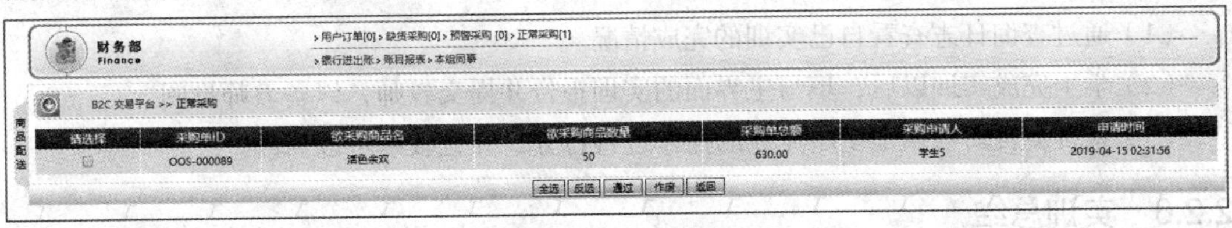

图 2–36　通过采购申请

此时，申请单已经被确认，采购需要自己再次确认，采购部可以看到图 2–37 所示的界面。

单击“采购”按钮正式进行采购，此时，采购成功，采购部门的任务完成，订单转到物流企业。

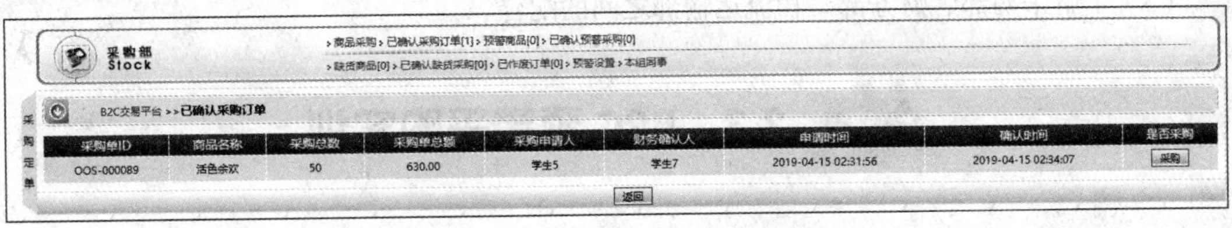

图 2–37　再次确认采购

3．物流企业

物流企业登录后，可以看到订单已经转交到了物流部，如图 2–38 所示。

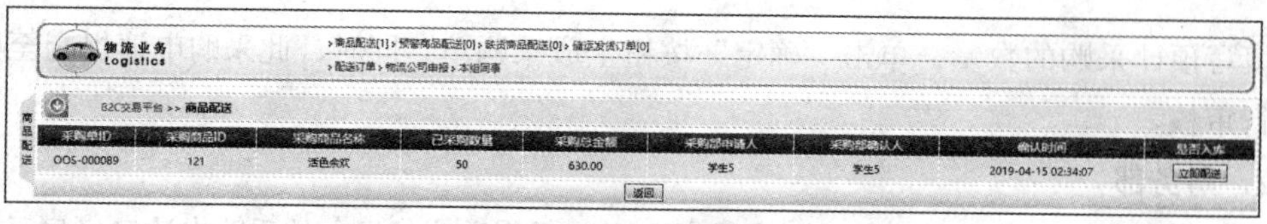

图 3–38　物流部界面

单击“立即配送”按钮对该采购商品进行配送。然后储运部将商品入库，商品采购完成。

4．储运部

储运部登录以后，对此次购买进行入库操作，如图 2–39 所示。

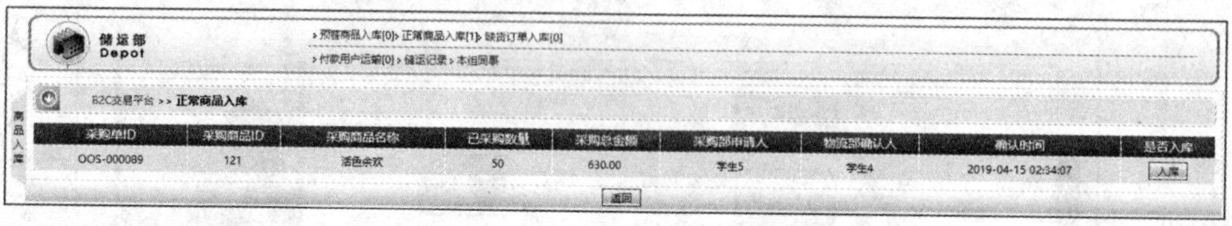

图 2–39　入库操作

单击商品后面的“入库”按钮将商品入库后，此次采购部门正常采购流程完全结束。

这里有一点要清楚，系统提供的商品不提供采购、数量的减少、预警等功能，只有新增的商品才有这些功能。商城管理员负责添加新的商品分类和商品。

另外，系统对于采购部，还设计了预警采购功能，具体操作与此次正常采购类似。只购买商城管理员添加的数量不够的商品即可，然后其他部门的处理稍有不同，但流程是一样的。

2.2.5　实训考核

（1）通过查询日志查看自己实训的完成情况。

（2）学生完成实训以后，填写主界面的实训报告并提交教师，以备教师批阅。

（3）系统会自动根据学生所完成的操作进行打分，并且教师可以修改。

2.2.6　实训总结

学生完成本次实训以后，考虑以下问题：

（1）采购部的职能是什么？

（2）上网查阅资料，详细了解采购部门对于一个企业的重要性。

（3）了解采购部、财务部、物流运输部之间的配合。

2.3　B2C 预警采购实训

2.3.1　实训概述

预警采购，按照字面意思理解，是在货物的数量较少且超过了设置的“警戒线”，需要提前采购以保证顾客购买不受影响的一种采购方式。在实际中同样也是存在的。本次实训模拟了预警采购的主要流程，为学生掌握现实中的运转方式起一个引导性的作用。教学实训系统只是模拟的中心功能，真实的更复杂的操作，有待于学生在以后的工作中详细体会。

2.3.2　实训目标

（1）熟悉 B2C 预警采购流程。

（2）熟悉采购部门职能。

（3）熟悉预警采购后台处理。

2.3.3　实训任务

（1）登录博星电子商务教学系统，按照分配的小组，参考实训说明书进行实训。

（2）各小组配合，根据日志提示进行 B2C 预警采购流程。

（3）完成实训流程，填写实训报告，并提交给教师。

2.3.4　实训步骤

首先商城管理员必须添加能够完成预警采购流程的商品（系统自带的商品不支持预警采购）。

1. 商城管理员

商城管理员进入课堂的界面如图 2-40 所示。

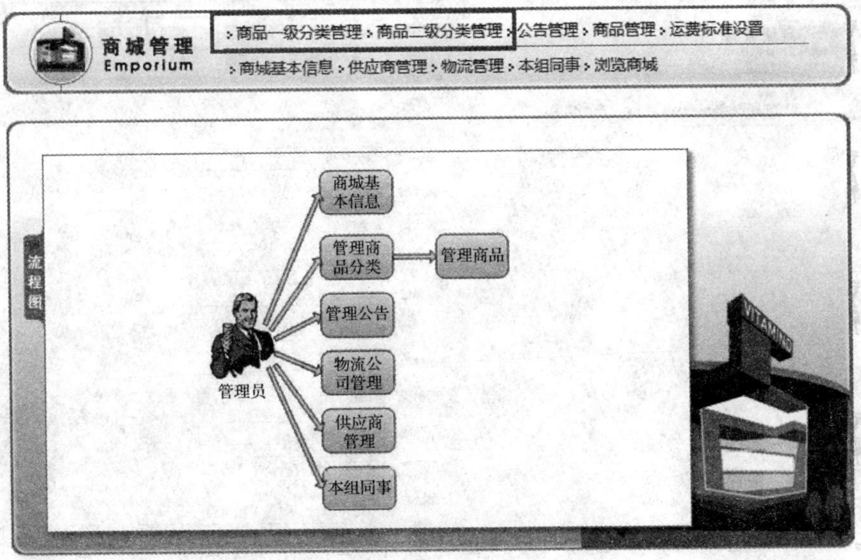

图 2-40　商城管理员界面

单击“商品一级分类”按钮，添加新的分类，如图 2-41 所示，填写类别名称，单击“确定”按钮，即可新添加一个商品一级分类。

再单击“商品二级分类”按钮，选择刚才添加的一级分类以后，添加此一级分类的二级分类，如图 2-42 所示，填写完成后单击“确定”按钮，添加成功。

单击“商品管理”按钮，添加二级分类下的商品，如图 2-43 所示，填写商品名称。

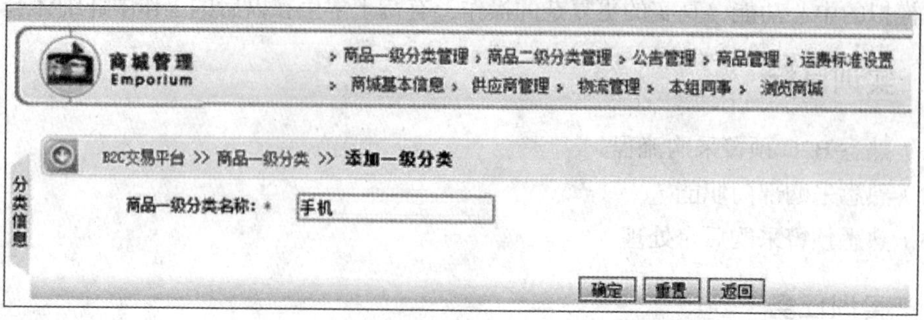

图 2-41　商品分类

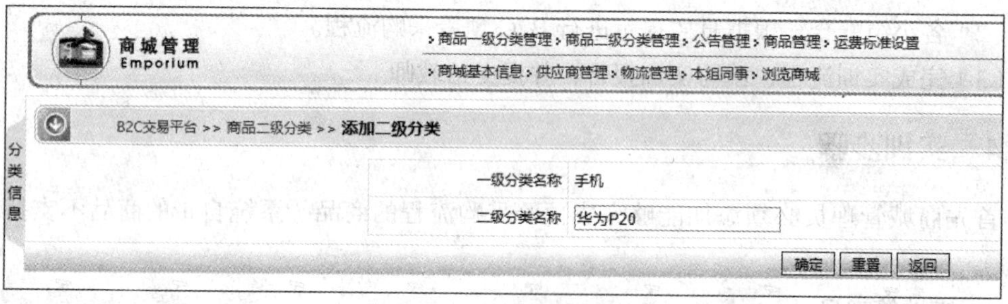

图 2-42　添加商品二级分类

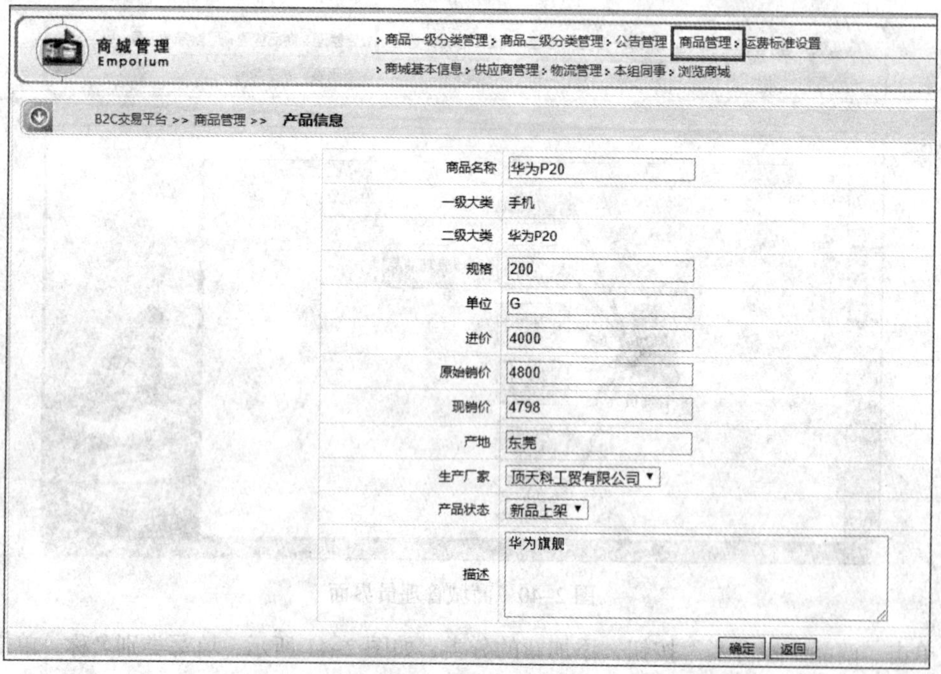

图 2-43　商品管理

单击“确定”按钮，商品添加成功。

2. 采购部

当商品添加成功，但是商品数量低于预警下线时，采购部门就会出现采购提示。采购部门登录后进入图 2–44 所示的界面。

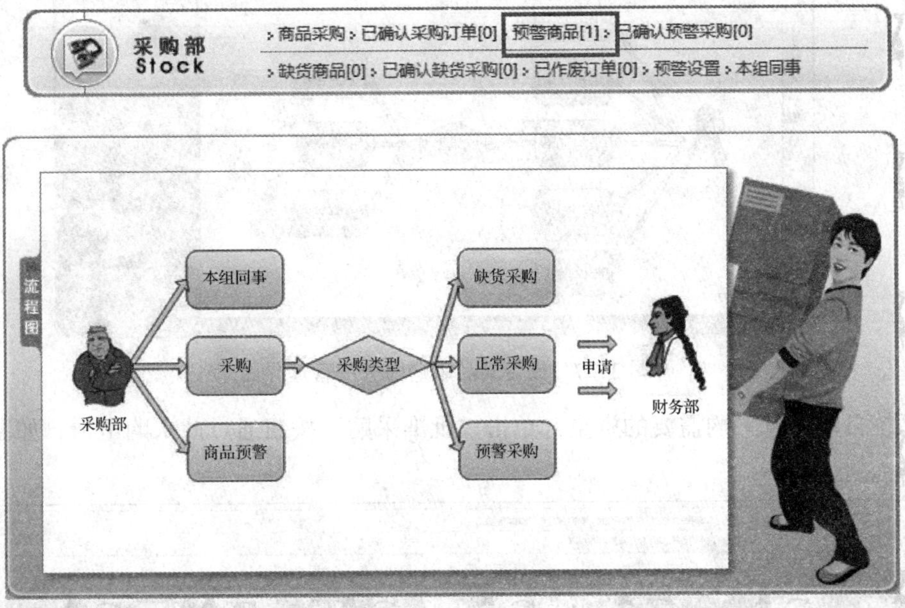

图 2–44　商品预警

单击“预警商品”按钮，进入图 2–45 所示的界面。

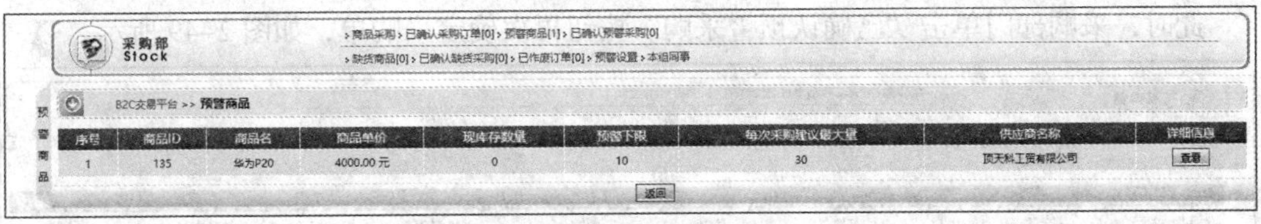

图 2–45　预警商品管理

单击“查看”按钮处理该采购信息，进入图 2–46 所示的界面。

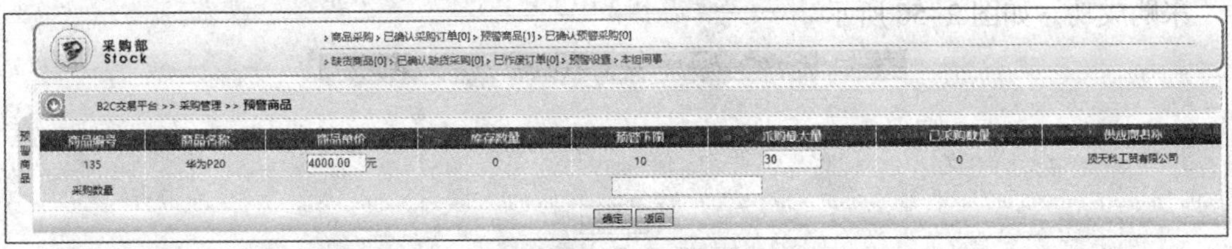

图 2–46　预警商品采购

输入要采购的商品数量，单击“确定”按钮，采购申请提交至财务部门审核。

3. 财务部

财务部角色学生登录以后，会看到采购部提交的采购申请，如图 2–47 所示。

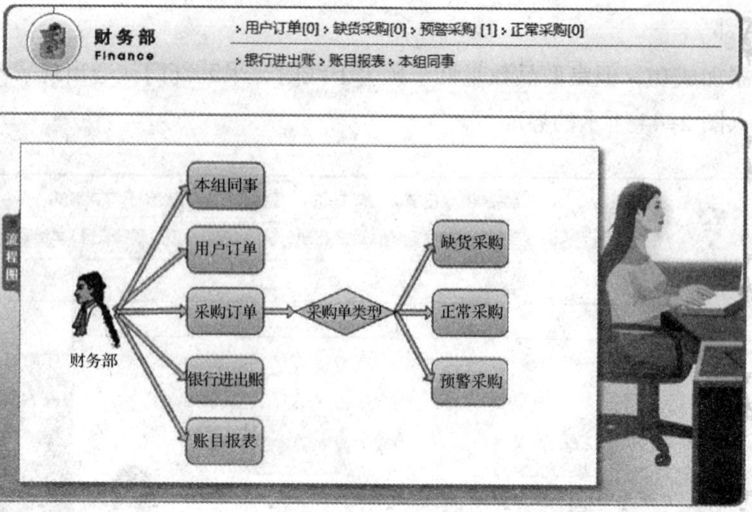

图 2-47　预警商品采购财务部管理界面

系统自动计算采购需要的资金，单击“批准采购”按钮通过此采购申请，如图 2-48 所示。

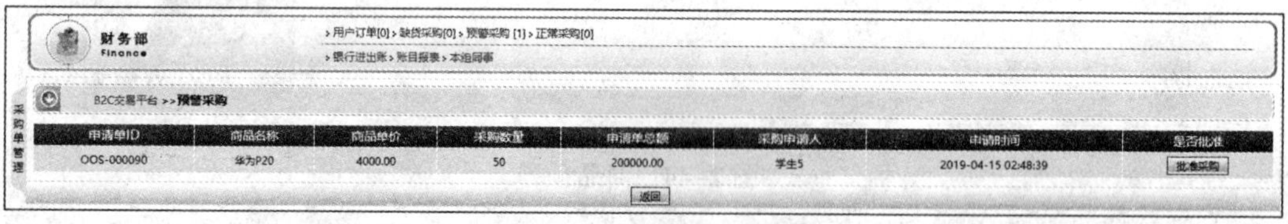

图 2-48　财务部批准采购界面

此时，采购部门单击“已确认预警采购”按钮再次确定采购单，如图 2-49 所示。

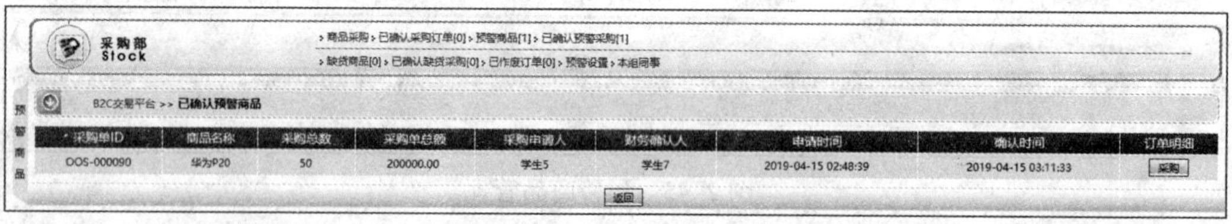

图 2-49　预警商品采购部再次确认

采购成功，如图 2-50 所示。

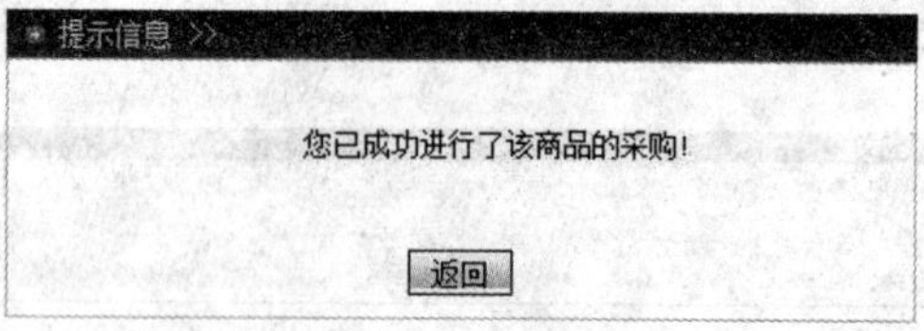

图 2-50　预警商品采购成功

采购成功以后，物流业务部就需要对此商品进行配送。

4．物流业务

物流角色的学生进入课堂以后，会看到商品的配送信息，单击“预警商品配送”按钮，进入图 2–51 所示的界面。

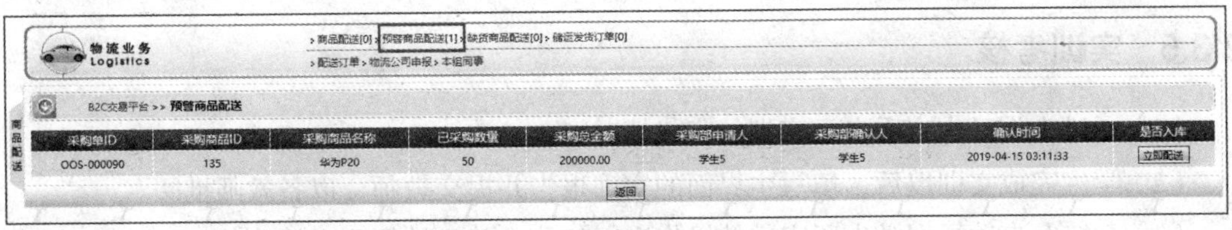

图 2–51　预警商品配送管理

单击“立即配送”按钮进行商品配送（见图 2–52）。商品配送完成后，由储运部入库。

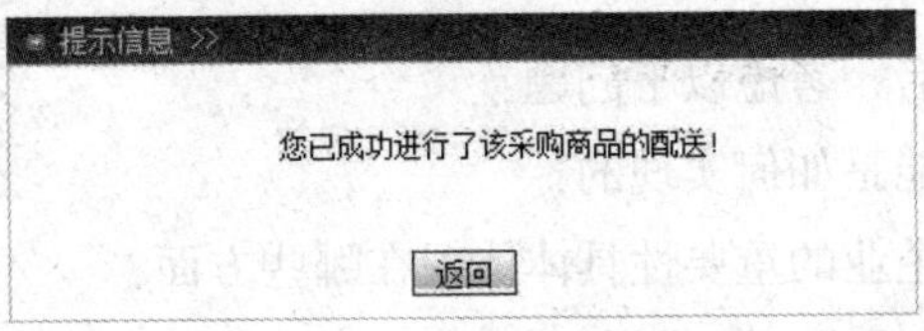

图 2–52　预警商品配送成功

5．储运部

储运部角色的学生进入课堂以后，单击“预警商品入库”按钮，进入图 2–53 所示的界面。

一个预警采购流程完成。此时，商城管理员再次查看商品信息，可看到采购的商品数量，如图 2–54 所示。

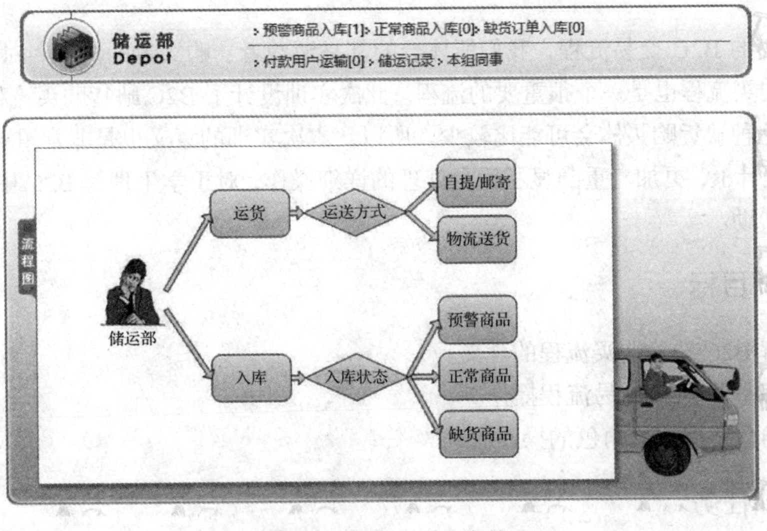

图 2–53　预警商品入库管理

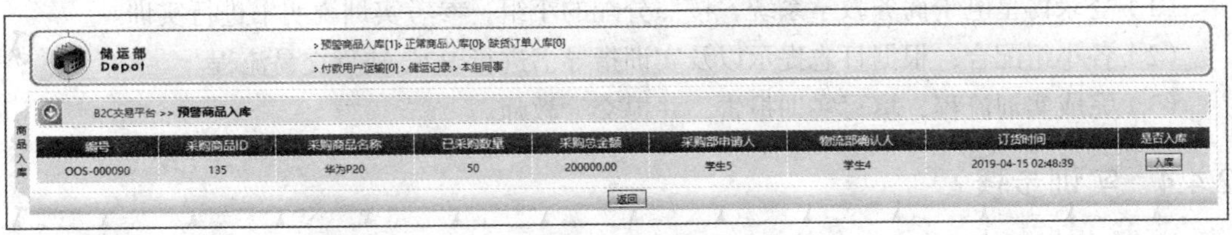

图 2–54　预警商品入库

单击“入库”，将该商品入库。

2.3.5 实训考核

（1）通过查询日志查看自己实训的完成情况。
（2）学生完成实训以后，填写主界面的实训报告并提交教师，以备教师批阅。
（3）系统会自动根据学生所完成的操作进行打分，并且教师可以修改。

2.3.6 实训总结

学生完成本次实训以后，考虑以下问题：
（1）采购部的预警功能是如何实现的？
（2）采购部门对一个企业的重要性具体体现在哪些方面？
（3）了解预警采购中，采购部、财务部、物流运输部之间的配合。
（4）预警采购和正常采购有什么区别和联系？

2.4 B2C 缺货购买实训

2.4.1 实训概述

对于真实的 B2C 交易流程，我们所体会的都是消费者、购买者的流程。对于 B2C 交易模式来说，购买流程也是一个很重要的流程。此次实训设计了 B2C 缺货购买流程，当然，在实际应用中这种缺货购买体会可能比较少。所以，本次实训的意义也是非常重要的，值得一提的是，在设计上，更加着重凸显了后台处理的详细操作，对于学生理解 B2C 中的 B（企业）有非常大的帮助。

2.4.2 实训目标

（1）了解 B2C 缺货购买流程的含义。
（2）熟练掌握 B2C 交易流程操作。
（3）各角色掌握自己角色的操作流程。

2.4.3 实训任务

（1）登录博星电子商务教学系统，按照分配的小组，参考实训说明书进行实训。
（2）各小组配合，根据日志提示以及实训指导书进行 B2C 缺货交易流程。
（3）完成实训流程，填写实训报告，并提交给教师。

2.4.4 实训步骤

依然按照角色流转配合来介绍实训步骤。

1. 商城用户

当教师部署好一节 B2C 模式课程以后，学生登录实训系统主界面，即可进入课堂，如图 2–55 所示。

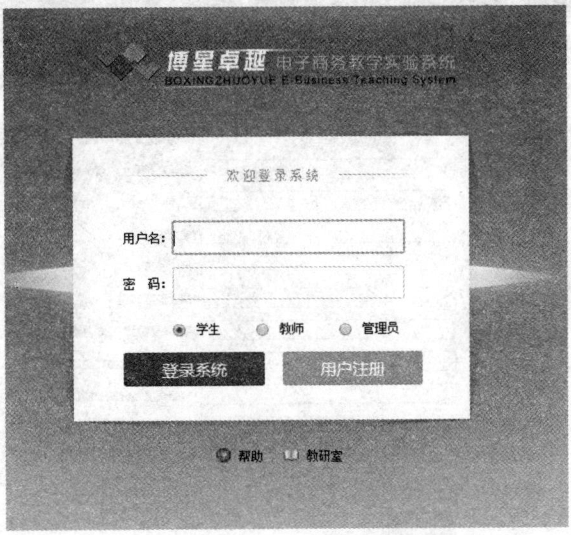

图 2–55　商城用户登录界面

登录成功以后，单击主界面上方的“进入课程”按钮进入课程界面，如图 2–56 所示。

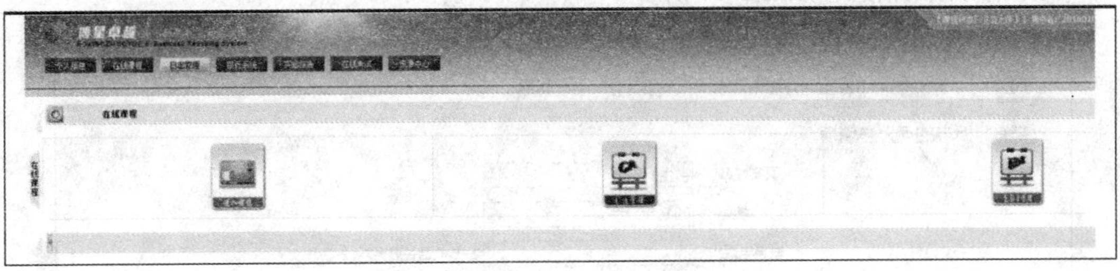

图 2–56　进入课程界面

商城用户登录进入图 2–57 所示的界面。单击“注册”按钮进行用户注册，如图 2–57 所示。

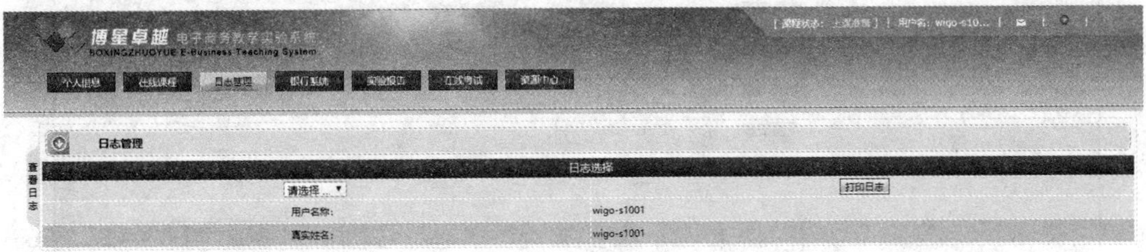

图 2–57　用户注册

与之前一样，在账号注册之前，首先注册银行账号，才能进行用户注册。单击“注册银行”按钮，进入图 2-58 所示的界面。

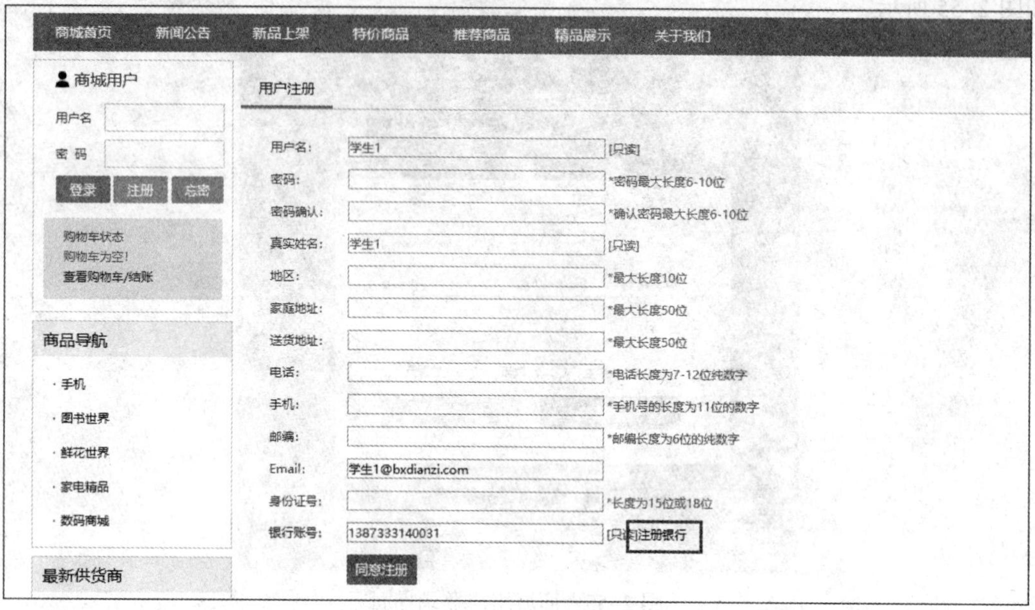

图 2-58 用户注册界面

填写银行注册信息，如图 2-59 所示。

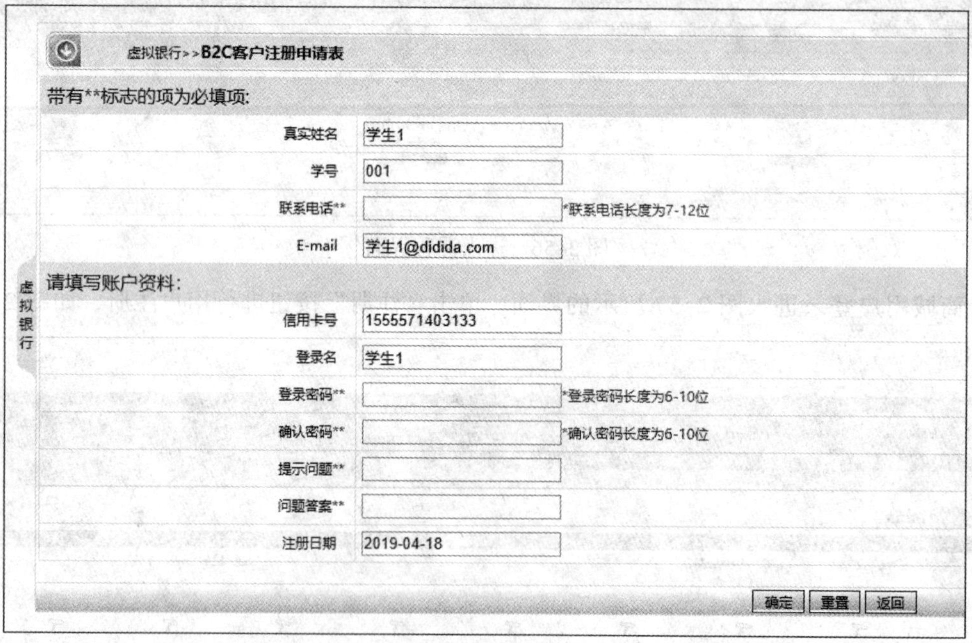

图 2-59 填写银行注册信息

成功注册后，返回首页登录。登录成功界面如图 2-60 所示，单击“购买”按钮。

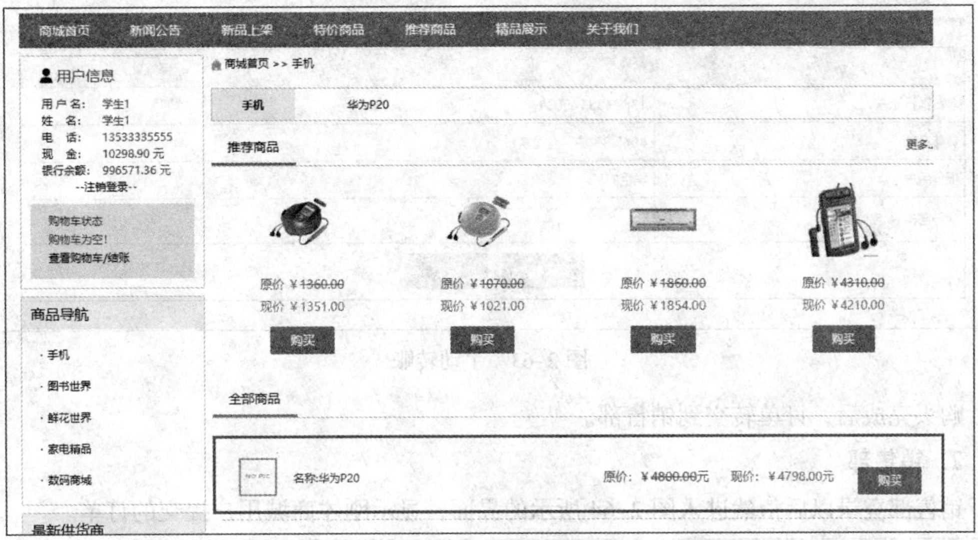

图 2-60　购买商品

进入购物车界面，选择收银台付款，对所选商品进行支付，如图 2-61 所示。

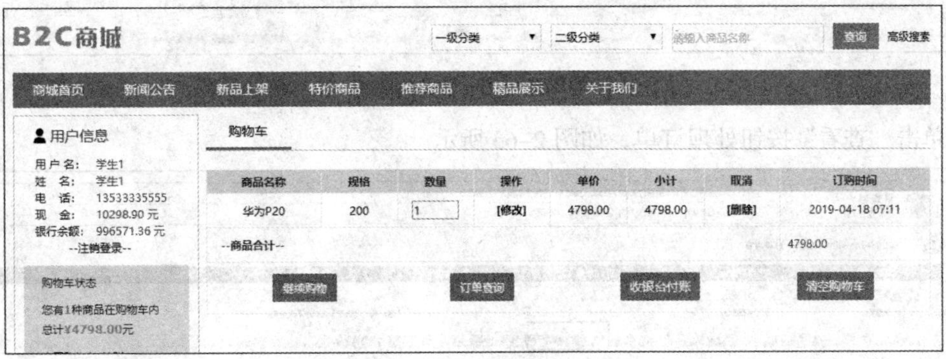

图 2-61　购物车界面

选择支付方式和物流配送的方式，如图 2-62 所示。

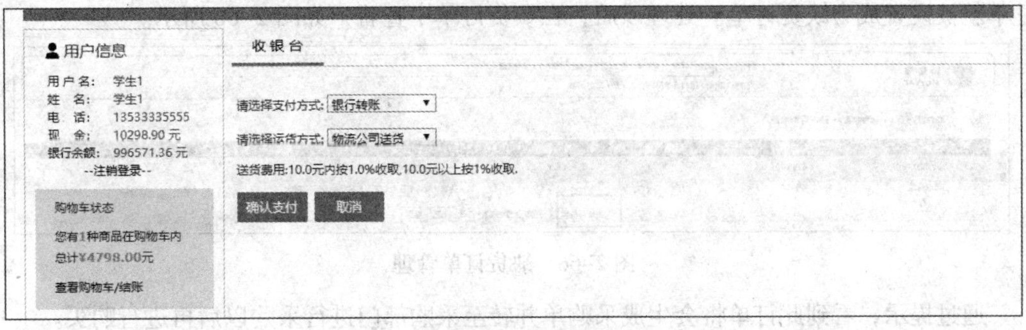

图 2-62　选择支付和物流配送方式

为了安全，手动转账时，需要再次输入银行密码，如图 2-63 所示。

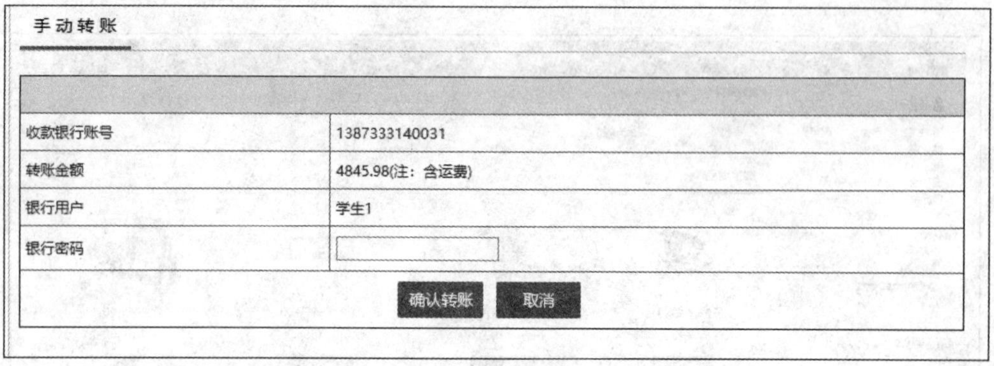

图 2–63　手动转账

购买完成后，订单转交到销售部。

2．销售部

销售部登录以后依然进入图 2–64 所示的界面，显示刚才商城用户提交的订单。

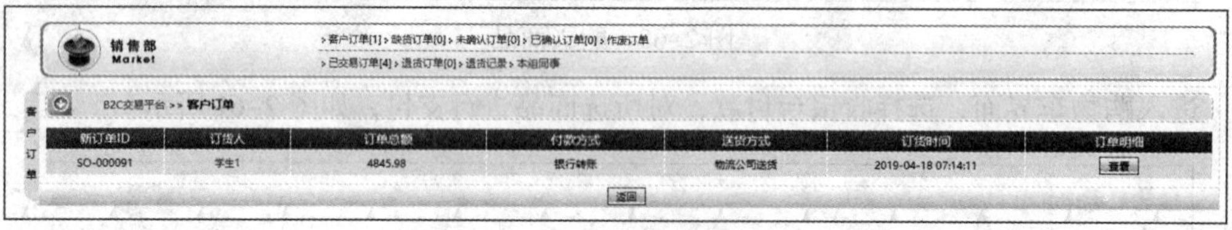

图 2–64　客户订单管理

单击“查看”按钮处理订单，如图 2–65 所示。

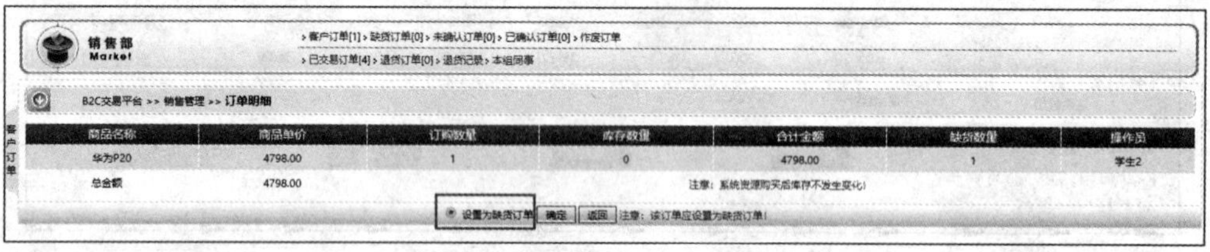

图 2–65　客户订单明细

系统会自动判断商城用户购买的商品的数量，以区分设置为缺货订单或者正常订单，此订单就被设置成为缺货订单。处理以后，在缺货订单中查看，如图 2–66 所示。

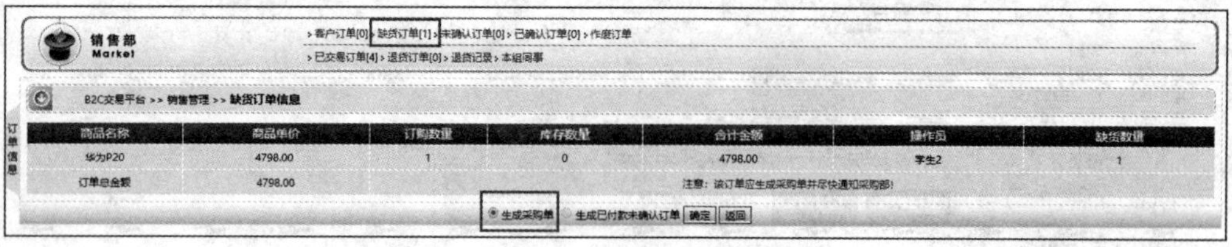

图 2–66　缺货订单管理

通过提示，看到此订单将会生成采购单并转至采购部门进行采购以后再进行购买。

3．采购部

采购部登录系统主界面，单击“缺货商品”按钮，进入图 2–67 所示的界面。

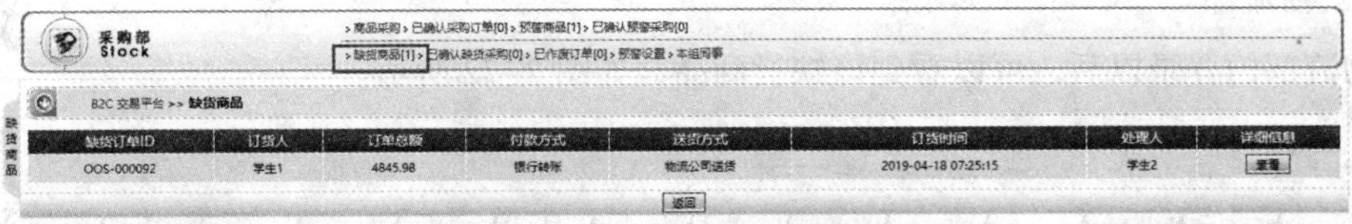

图 2–67　采购部缺货商品管理

这个订单是商城用户购买的订单，因为货源不足，所以订单必须转到采购部门先购买好以后才能继续转交。单击“查看”按钮进行受理，进入图 2–68 所示的界面。

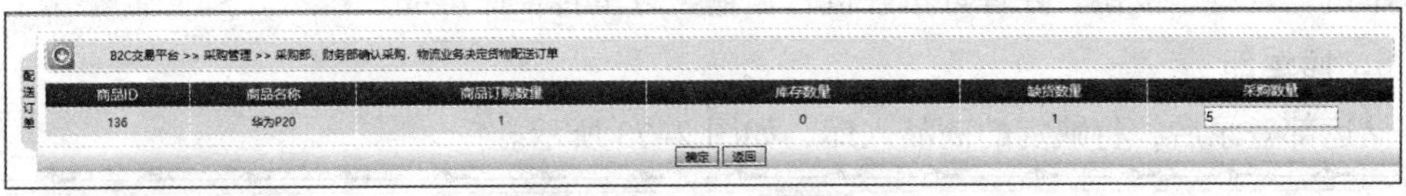

图 2–68　采购部缺货商品订单受理

这里可以看到商品订购数量、缺货数量，填写要购买的数量后单击“确定”按钮，即成功发送给财务部进行受理。

4．财务部

财务部登录以后，可以看到采购部门提交过来的采购单，如图 2–69 所示。

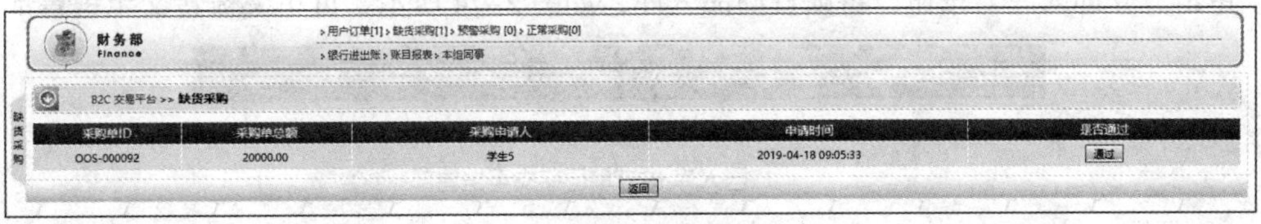

图 2–69　财务部采购单管理

单击“批准采购”按钮受理此采购部提交的采购单。

当财务部通过采购单后，采购部门即可看到订单可以进行处理，如图 2–70 所示。

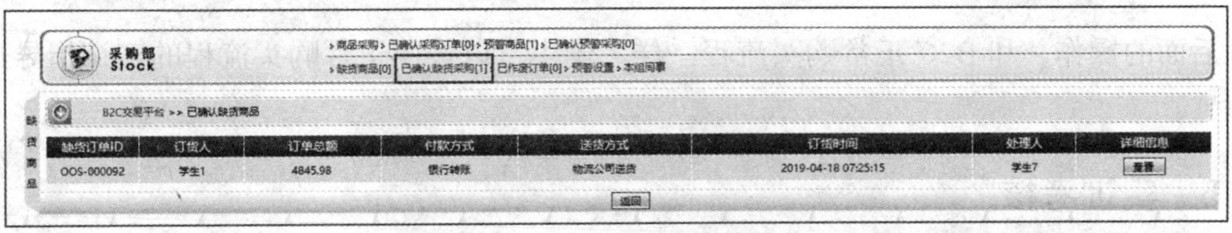

图 2–70　采购部确认采购订单

单击“采购”按钮进行受理，如图 2–71 所示，此时需要物流部门配送商品。

图 2–71　采购订单下达成功

5．物流部

物流部门登录以后，可以看到该缺货商品，如图 2–72 所示。

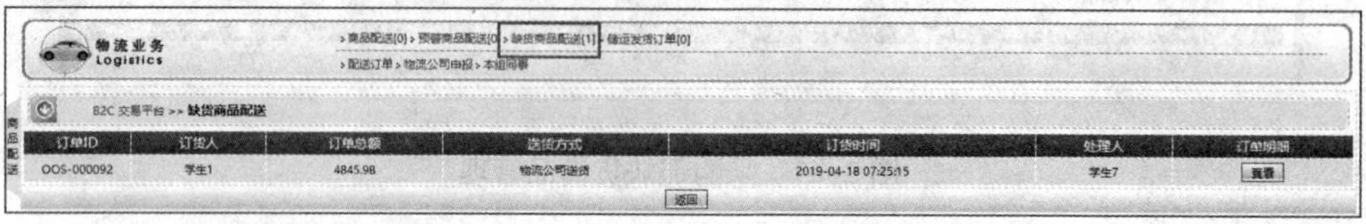

图 2–72　物流部缺货商品配送

单击“查看”按钮，处理订单并进行运输，订单转至储运部。

6．储运部

储运部登录后，将缺货的商品入库，如图 2–73 所示。

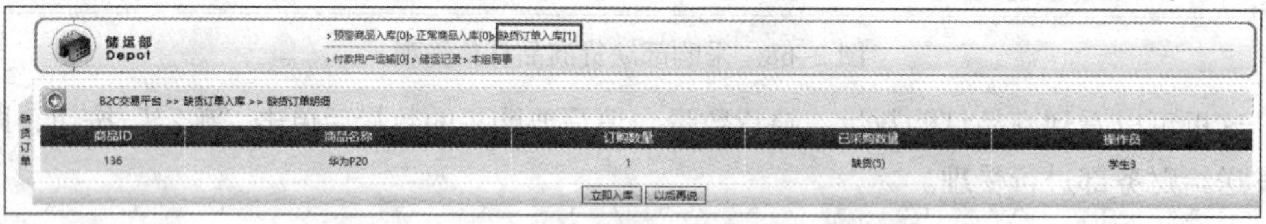

图 2–73　缺货商品入库

单击“立即入库”按钮，将缺货商品入库，如图 2–74 所示，订单又被转交至销售部。

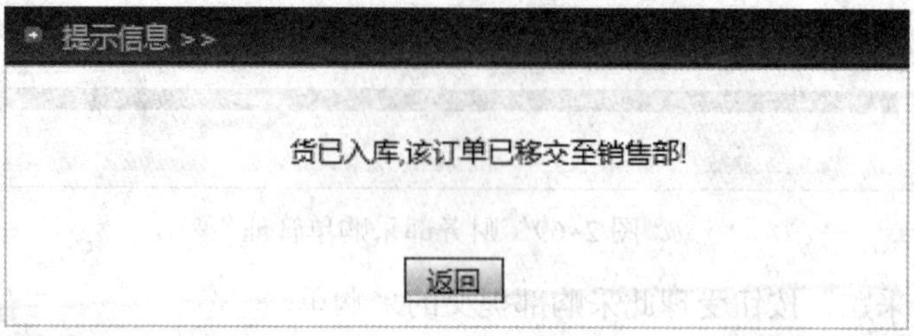

图 2–74　缺货商品入库完毕

后面的操作，和 B2C 正常购买流程一样。学生可以按照正常购买流程的实训指导进行操作。

2.4.5　实训考核

（1）通过查询日志查看自己实训的完成情况。

（2）学生完成实训以后，填写主界面的实训报告并提交教师，以备教师批阅。

（3）系统会自动根据学生所完成的操作进行打分，并且教师可以修改。

2.4.6　实训总结

通过此次 B2C 缺货购买流程可以看到，缺货购买与正常购买是有区别的，区别在于商品是否缺货，在真实的消费流程中是体会不到购买商品有缺货购买的过程，所以学生一定要仔细体会两种购买流程的联系以及区别。

2.5　B2C 退货实训

2.5.1　实训概述

该模式不仅模拟了电子商务 B2C 交易过程，还模拟了商城内部各部门间的工作流程，学生不仅可以掌握电子商务 B2C 交易过程，还可以掌握商城内部各部门之间的具体操作，同时也可以熟悉整个商城的管理。

系统设计首次引入“模块拓展”功能，将财务部、采购部、销售部、储运部、退货部、经理等模块与 B2C 交易相结合，利用先进的计算机网络技术，使电子商务交易中的多元化、兼容性、人性化在教学中体现得淋漓尽致。

本次实训，仍以一个小组的配合为主要实训方式，最终让学生体会退货是如何完成的。

2.5.2　实训目标

（1）了解 B2C 交易的含义，熟悉 B2C 退货流程。

（2）各角色掌握自己角色的操作流程。

（3）掌握 B2C 交易中，后台退货的详细处理过程。

（4）学生掌握 B2C 模式下的退货管理。

2.5.3　实训任务

（1）登录博星电子商务教学系统，按照分配的小组，参考实训说明书进行实训。

（2）各小组配合，根据日志提示进行 B2C 正常交易流程。

（3）完成实训流程，填写实训报告，并提交给教师。

2.5.4　实训步骤

B2C 交易流程是以小组配合进行的，所以分别介绍每个角色的操作流程。

商城用户登录进入订单管理，进入图 2–75 所示的界面。

图 2–75　商城用户订单管理界面

选择交易完成的订单，单击“退货”按钮，进行退货，如图 2–76 所示。

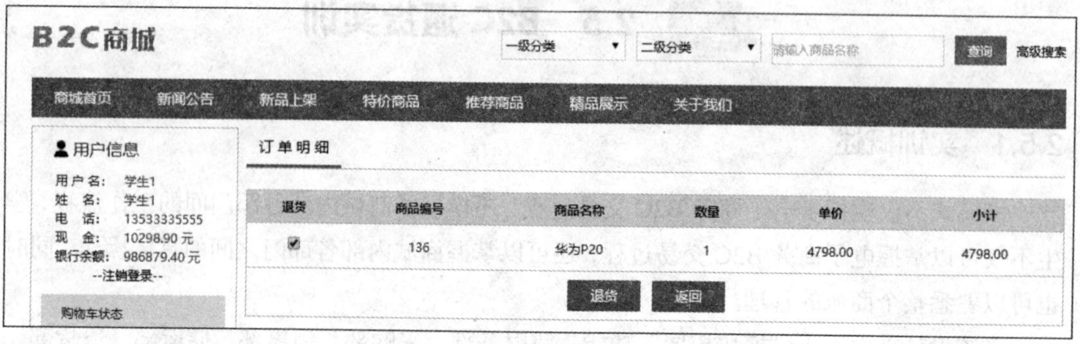

图 2–76　选择退货订单

并填写退货理由，如图 2–77 所示。

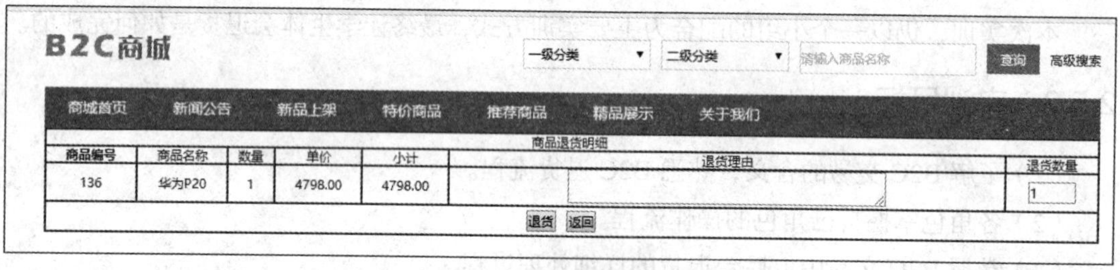

图 2–77　商品退货操作

填写完退货申请后，销售部会看到客户退货的订单，如图 2–78 所示。

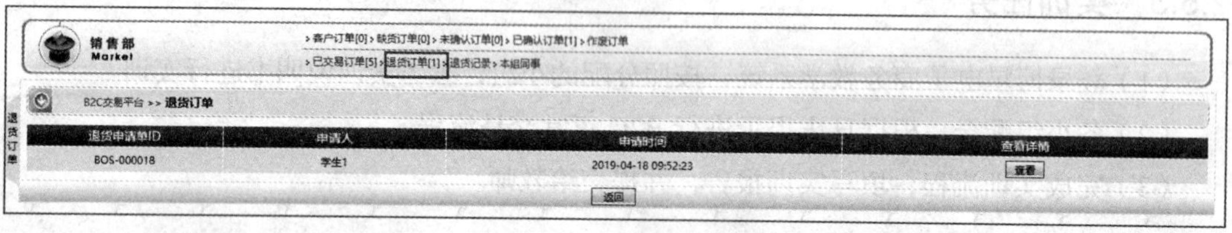

图 2–78　销售部退货管理

单击“查看”按钮可以查看客户退货的理由和退货明细，如图 2–79 所示。

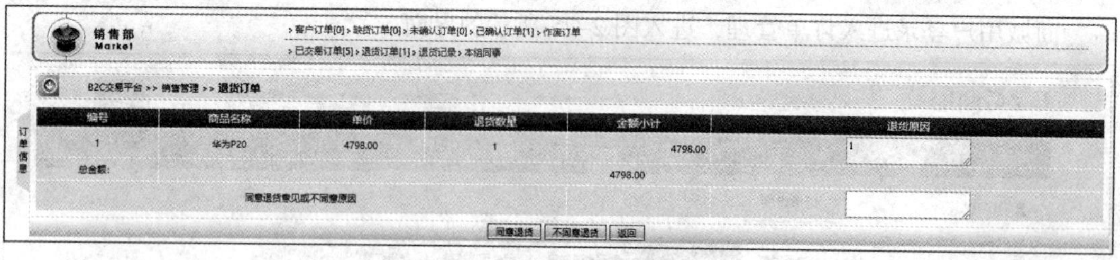

图 2–79　销售部退货订单查看

销售部看到退货的理由后，根据实际情况做出是否要给客户退货的选择，若同意退货，则单击“同意退货”按钮，商城用户即可看到自己的退货处理信息，如图 2–80 所示。

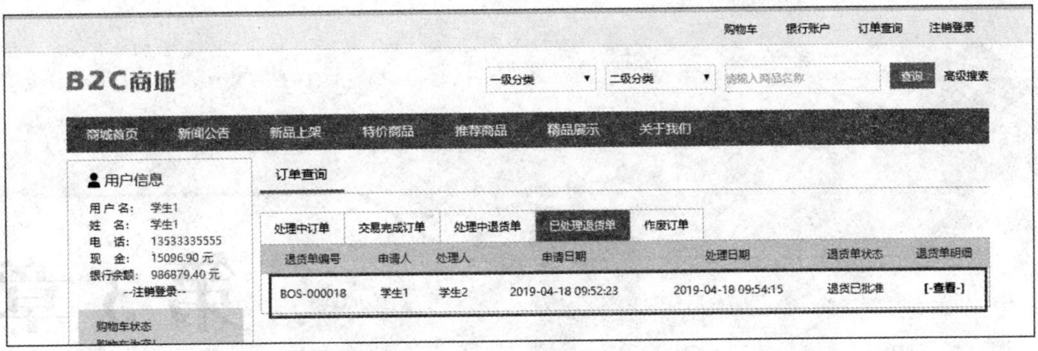

图 2–80　用户退货订单列表

单击“查看”按钮，可查看自己的退货单处理详情，如图 2–81 所示。

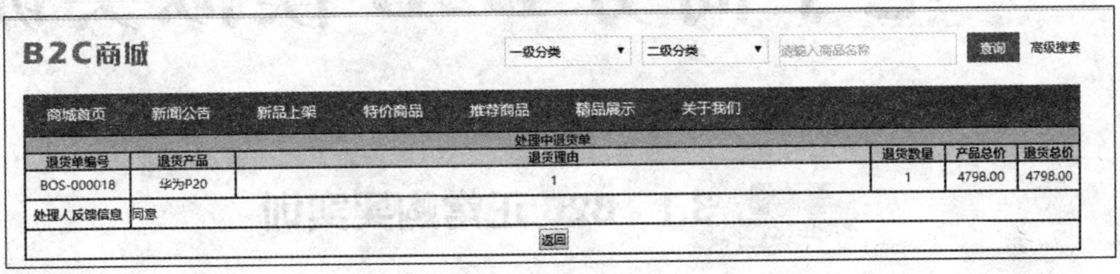

图 2–81　用户退货订单查看

2.5.5　实训考核

（1）通过查询日志查看自己实训的完成情况。

（2）学生完成实训以后，填写主界面的实训报告并提交教师，以备教师批阅。

（3）系统会自动根据学生所完成的操作进行打分，并且教师可以修改。

2.5.6　实训总结

学生以小组完成本次实训以后，考虑以下问题：

（1）商城用户的退货流程及作用是什么？

（2）销售部的退货流程及作用是什么？

（3）财务部的退货流程及作用是什么？

（4）一个小组中各个角色是如何配合的？

（5）B2C 交易中后台如何处理订单？

第 3 章 电子商务 B2B 模拟实训

3.1 B2B 正常购买实训

3.1.1 实训概述

电子商务 B2B 交易模式是企业对企业的交易，因为我们平时都是作为个人来体验网上消费，所以这种交易模式方面的练习有所欠缺，而博星教学实训系统独到的设计、简单大方的界面、易于操作又能详细涉及 B2B 交易模式的要点、全方位地涉及 B2B 流程的前台购买到后台处理，给学生提供了一个学习知识的机会、一个网上无法体验的而又趋于真实的流程。

3.1.2 实训目标

（1）了解 B2B 交易模式的意义。

（2）掌握 B2B 交易流程。

（3）思考 B2B 交易模式与 B2C 交易模式的区别。

3.1.3 实训任务

（1）登录博星电子商务教学系统，按照分配的小组，参考实训说明书进行实训。

（2）各小组配合，根据日志提示进行 B2C 正常交易流程。

（3）完成实训流程，填写实训报告，并提交给教师。

3.1.4 实训步骤

在进行 B2B 交易模拟实训正式购买流程之前，需要先做一些准备工作。

1．企业用户销售方

企业用户销售方登录以后，首先添加商品，发布供应消息。

企业用户登录以后，进入图 3–1 所示的界面，单击“注册”按钮，进行用户账号注册，如图 3–2 所示。

图 3–1　企业用户注册界面

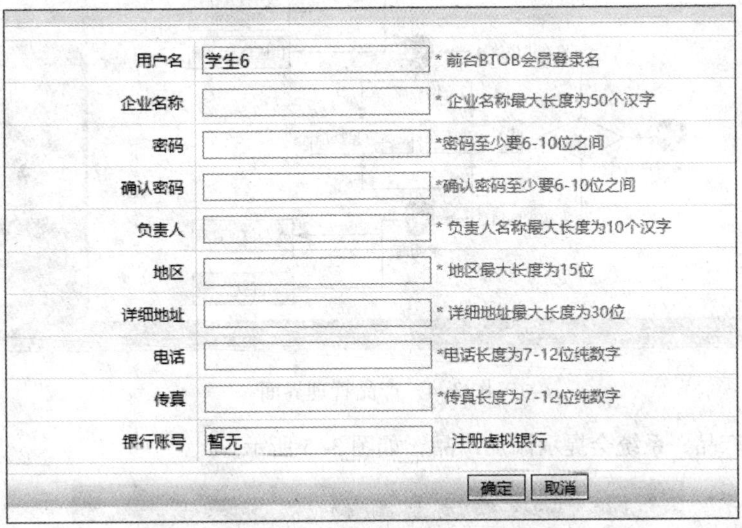

图 3–2　企业用户注册资料填写

注册账号时，同 B2C 商城用户操作一样，首先要注册银行。注册商城用户，然后再登录。

注册完成并登录，单击“进入后台”按钮，如图 3–3 所示，可以进入后台。

图 3–3　企业用户进入后台

如图 3–4 所示，单击“产品管理”按钮，查看所有的产品。

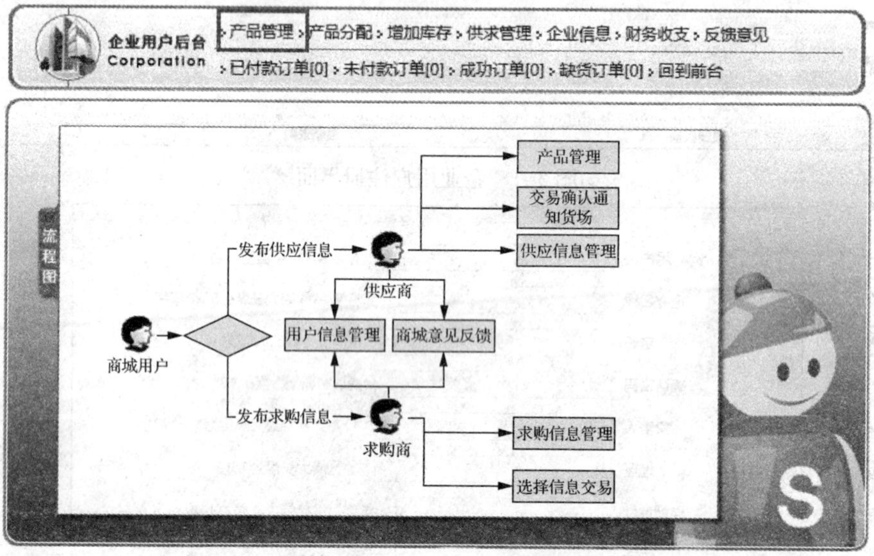

图 3–4　产品管理界面

如果没有产品，系统会提示添加产品，如图 3–5 所示。

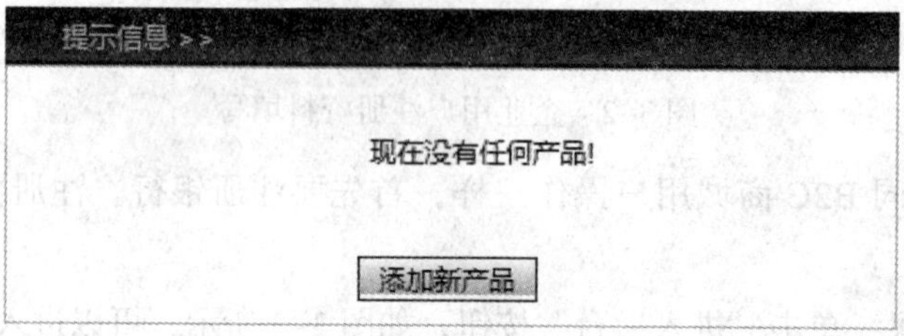

图 3–5　添加新产品的提示界面

按照提示完成产品添加，如图 3–6 所示。

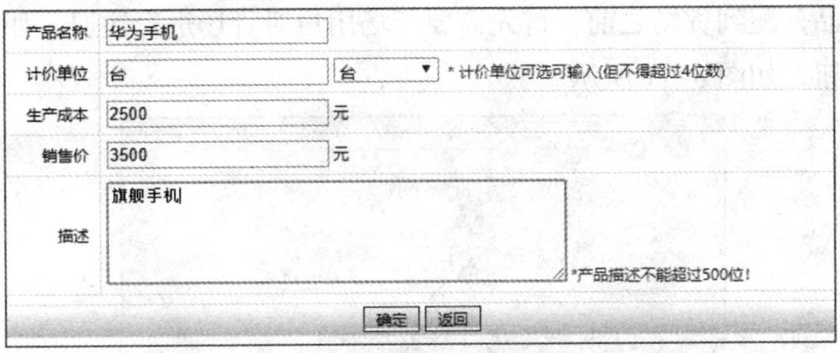

图 3–6　新产品添加操作

产品添加完成后，此时库存为 0，这里需要对库存进行调整。单击“调整”按钮，如图 3–7 所示。

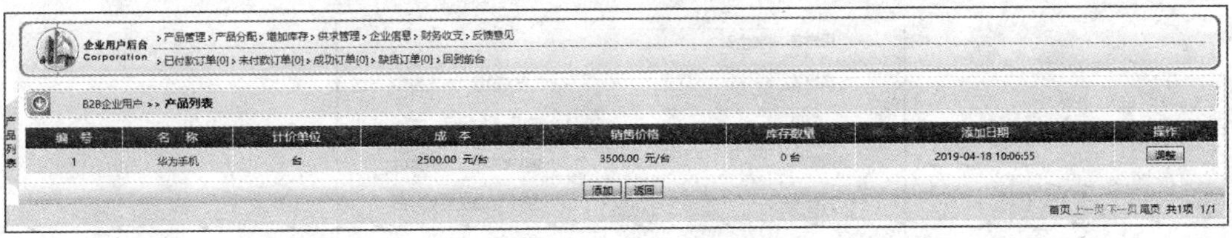

图 3–7　产品列表界面

单击“增加库存量”按钮，为添加的产品增加库存，如图 3–8 所示。

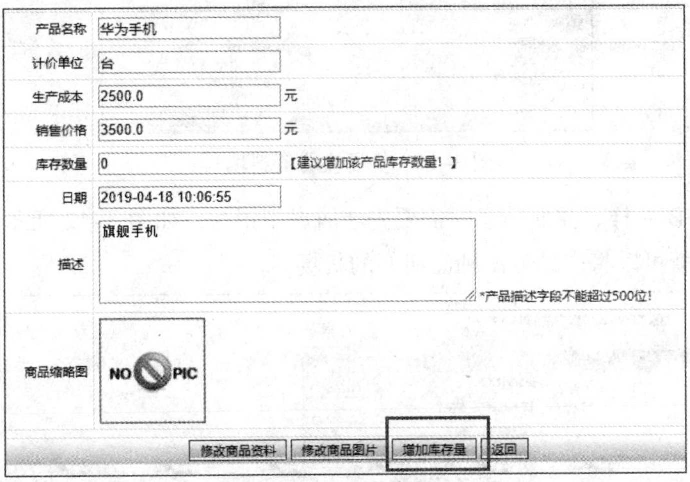

图 3–8　增加库存量

图 3–9 所示为修改库存量后的结果。

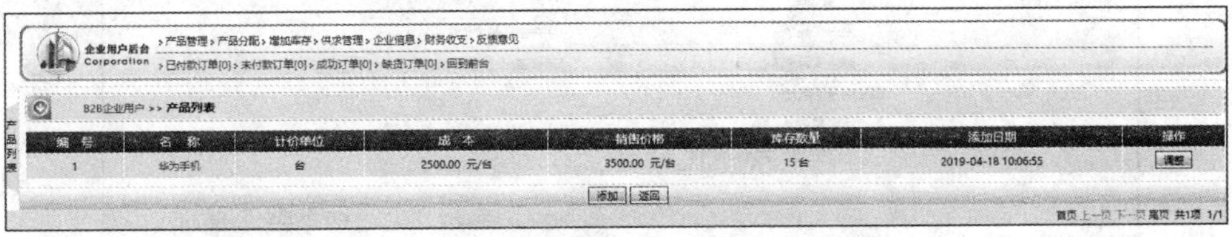

图 3–9　修改库存后的结果

2．货场

企业在将产品分配到货场之前，首先需要货场用户对货场进行注册，如图 3-10 所示，单击“注册”按钮，如图 3-11 所示。

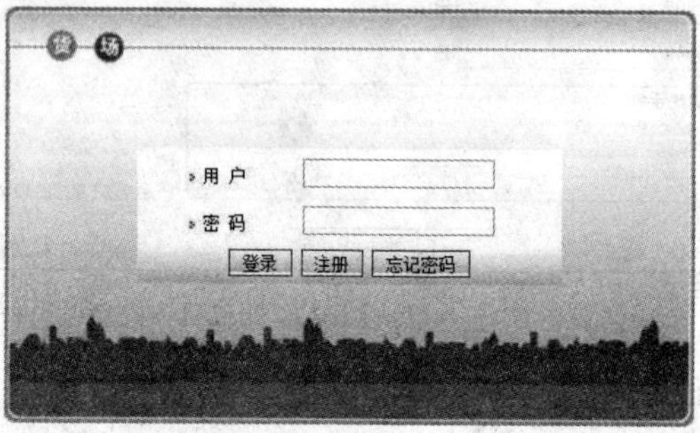

图 3-10　货场注册

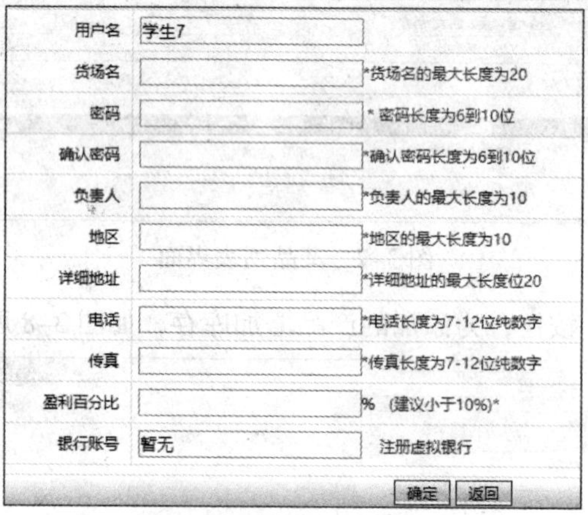

图 3-11　货场注册资料填写

和 B2C、B2B 一样，注册信息时需要先注册虚拟银行，如图 3-12 所示，再完成货场的注册，企业用户就可以将产品分派到注册好的货场。

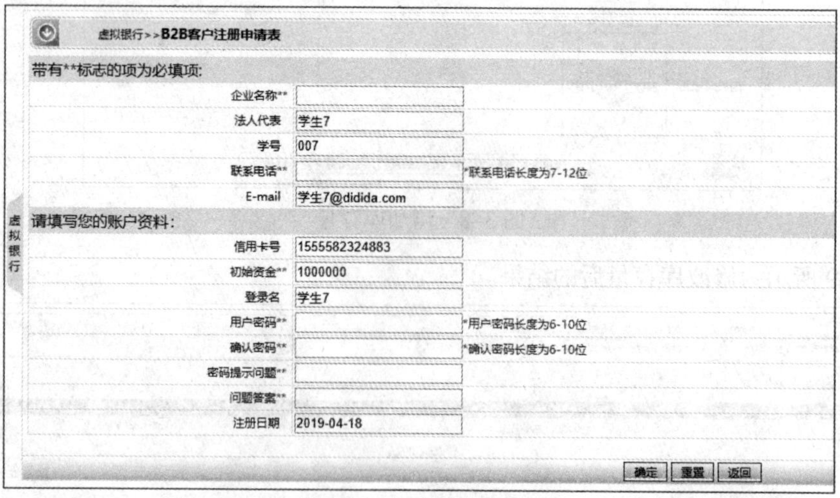

图 3-12　虚拟银行注册

3．企业用户销售方

单击“产品分配”按钮，将会把添加好的产品分配给同组已经注册好的货场，如图 3–13 所示界面。

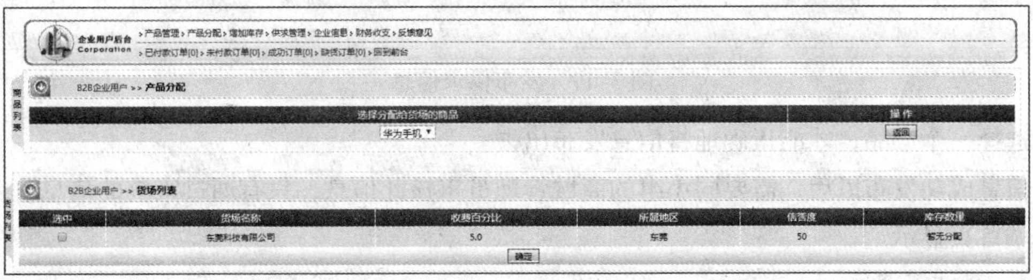

图 3–13　货场列表

先在商品列表处选择要分配的商品，选择好以后，货场列表会列出该小组的所有货场，选择想要分配的货场，确定以后，可以分配产品到货场里去，以供货场销售。形象一点来说，这个过程就是现实生活中将生产的商品放到商场里去，供消费者购买。

可以随时调整供往货场中货物的数量，单击“增加库存”按钮即可，如图 3–14 所示。

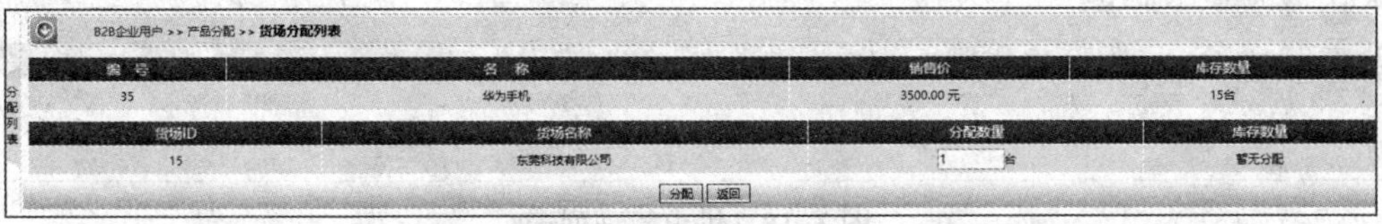

图 3–14　货场库存调整

单击“分配”按钮将产品分配至货场。把货物分配好以后，单击“供求管理”按钮发布供应信息，只有发布了供应信息，购买者才能在商城进行购买。单击“供求管理”按钮进入图 3–15 所示的界面。

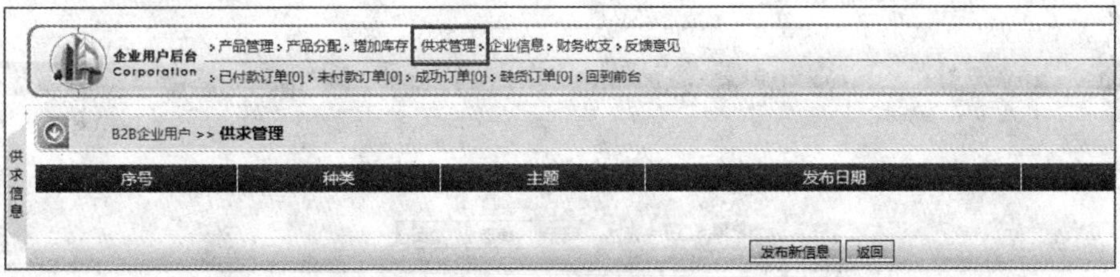

图 3–15　供求管理界面

单击“发布新信息”按钮，发布新的供求信息，如图 3–16 所示。

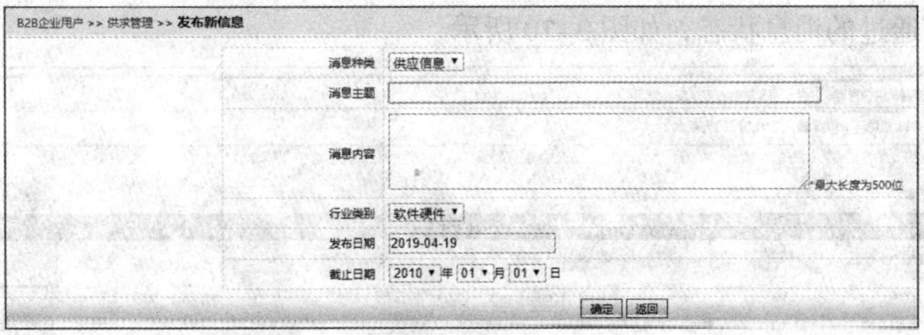

图 3–16　编辑供求信息

单击“确定”按钮，进入图 3-17 所示的界面。

图 3-17　发布供求信息

选择一个产品，才能正确地将信息发布出去。

信息成功发布以后，需要同小组的商城管理员审核此信息，只有通过审核的信息，才能在商城首页显示。

4．商城管理员

商城管理员登录以后，单击“供求管理”按钮，审核企业用户提交的信息，如图 3-18 所示。

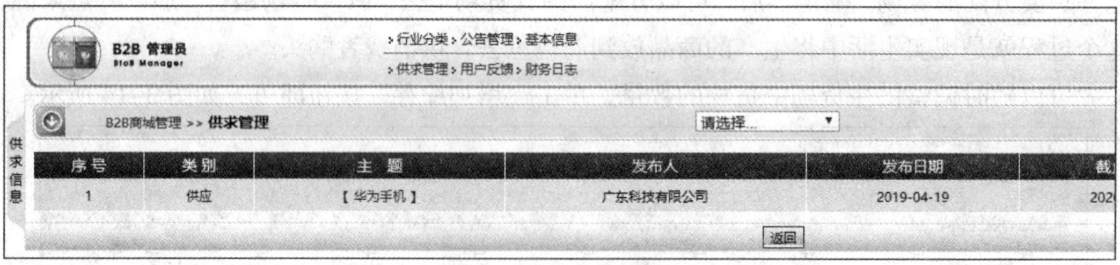

图 3-18　供求管理列表

单击供求信息的“主题”对该信息进行审核，如图 3-19 所示。

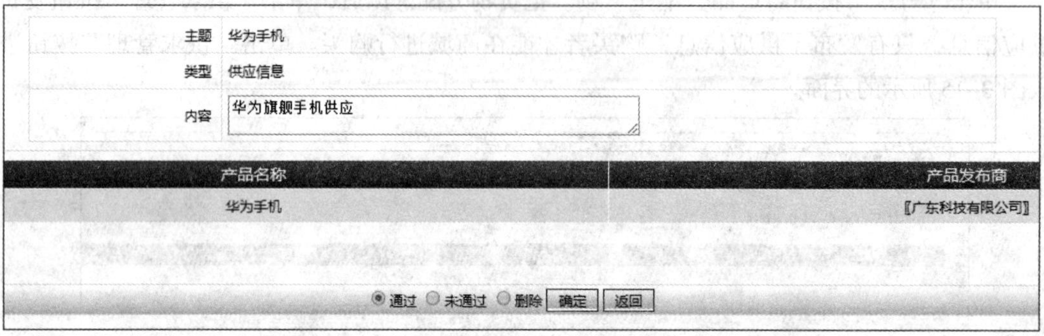

图 3-19　供求管理审核

商城管理员审核通过后，企业供货方登录商城，可以在供求管理中看到自己的供应信息已经被管理员通过的消息状态，如图 3-20 所示。

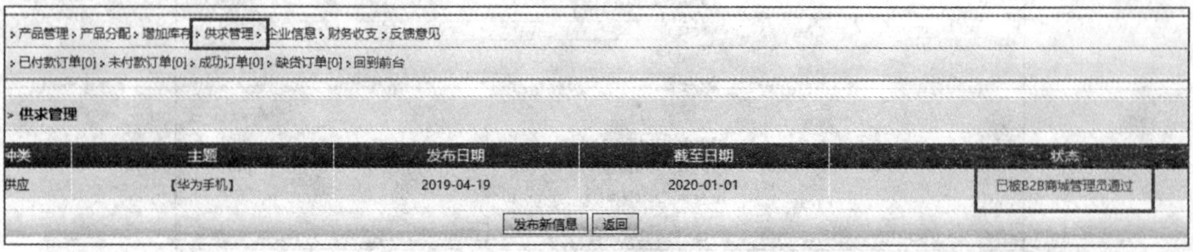

图 3-20　供求管理审核成功

5．企业用户购买方

企业用户购买方登录以后，依然先要注册银行和企业用户，注册完成后，登录商城可以看到商城的供应信息，如图 3–21 所示。

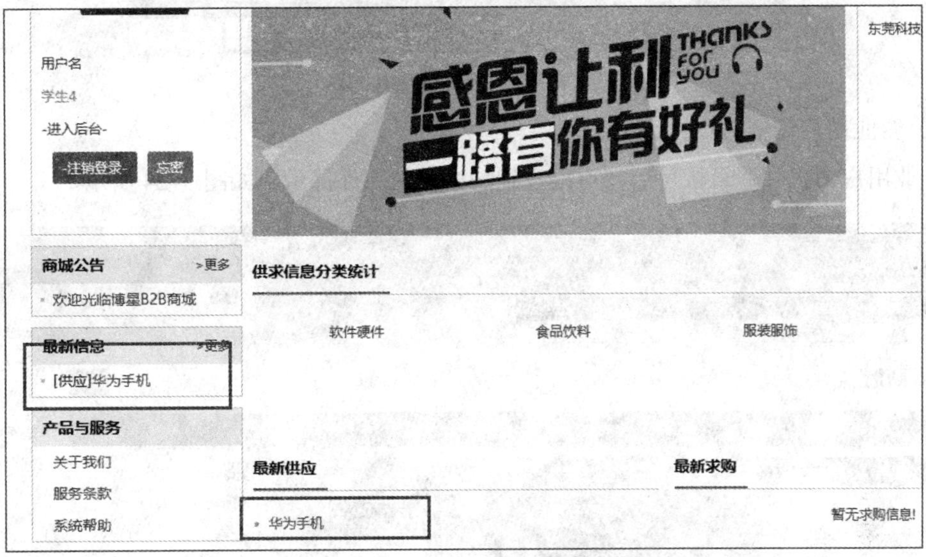

图 3–21　查看供应信息

单击此供应信息可以购买商品，如图 3–22 所示。

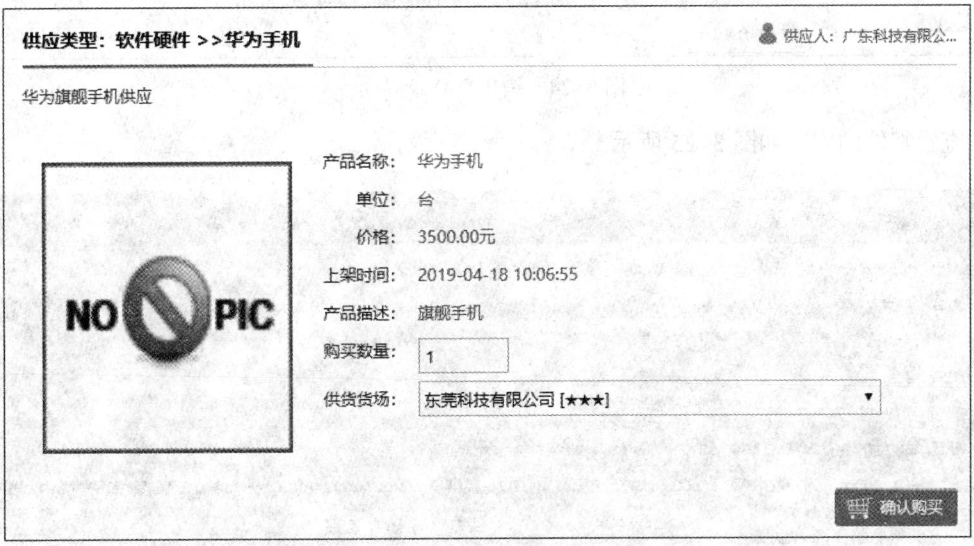

图 3–22　购买产品

单击“确认订购”按钮进行购买。

购买以后，系统会自动给该商品的发布者发送一封邮件，提醒发布者进入 EDI 进行下一步操作，如图 3–23 所示。

图 3–23　订购成功

6．企业用户销售方

企业用户销售方登录账号后，可以看到购买方的邮件提示，如图 3–24 所示。

图 3–24　销售方登录界面

查看邮件内容，如图 3–25 所示。

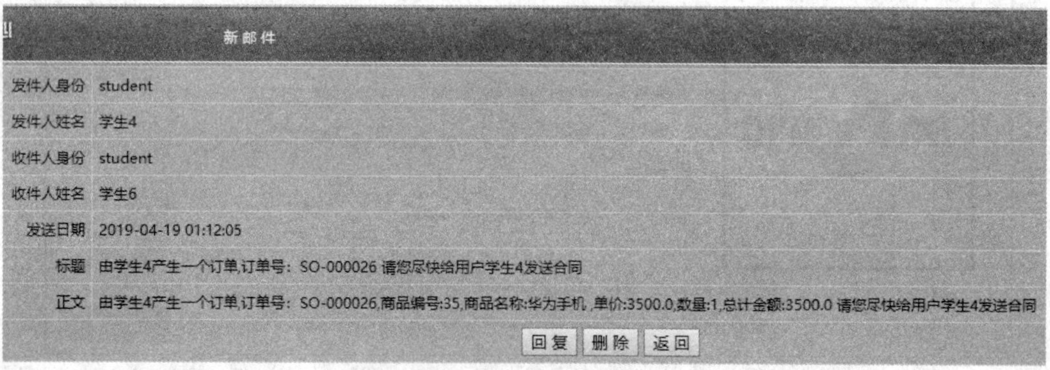

图 3–25　查看订单邮件

在确定企业购买方需要采购的信息内容后，供应方需要在“进入课堂”页面的“EDI”的“电子合同”页面开具合同，并发送给企业用户购买者，如图 3–26 所示。

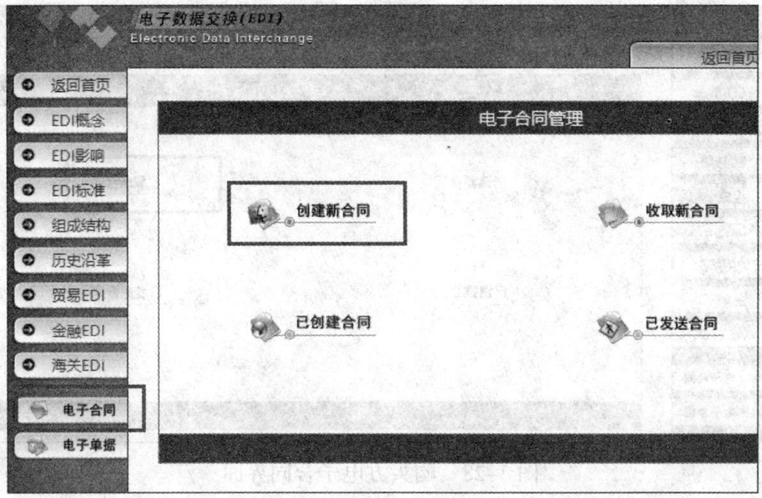

图 3–26　开具合同

根据采购信息邮件，编写合同内容，内容完成后，单击“发送”按钮，如图 3–27 所示。

图 3–27　编辑合同信息

成功发送以后，系统会给企业用户购买方发送一封邮件，提示购买用户进入 EDI 收取合同。

企业用户购买方单击操作主界面的 EDI 进入 EDI 中心，再单击“电子合同”按钮进入图 3–28 所示的界面。

图 3-28　购买方电子合同界面

单击“收取新合同”按钮收取刚才企业用户销售方发送的合同，成功收取并回复以后，合同会转到该货物存放的货场进行处理，如图 3-29 所示。

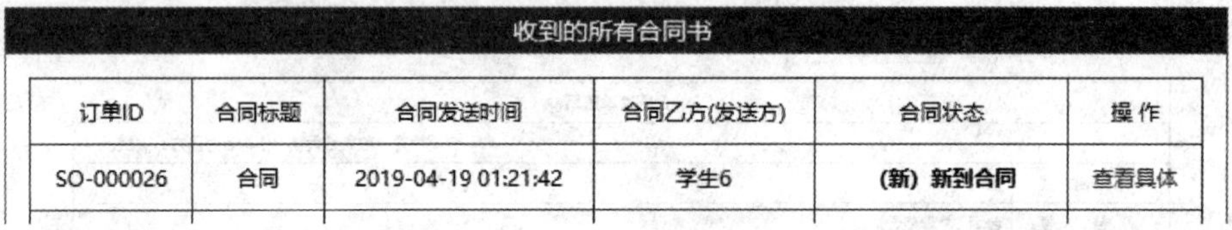
收到的所有合同书

订单ID	合同标题	合同发送时间	合同乙方(发送方)	合同状态	操 作
SO-000026	合同	2019-04-19 01:21:42	学生6	(新) 新到合同	查看具体

图 3-29　收到的合同书

7．货场

货场用户登录以后可看到转交过来的订单，如图 3-30 所示。

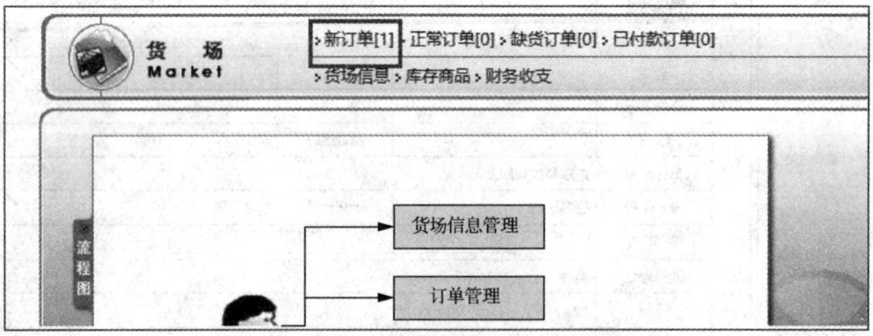

图 3-30　货场查看订单

单击“确定”按钮，如图 3-31 所示，督促企业用户购买方付款。

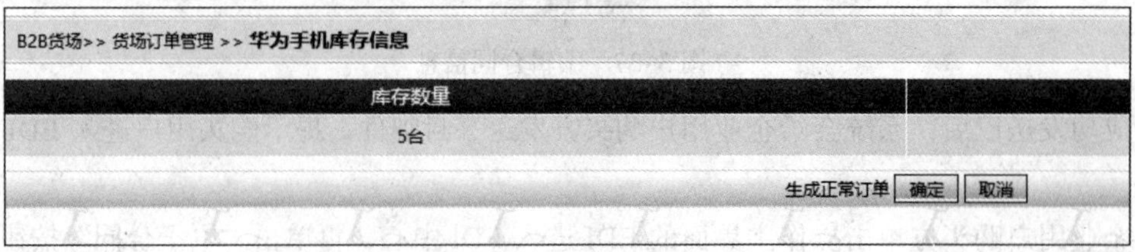

图 3-31　货场确认订单

此时，订单转交到企业用户购买方，如图 3–32 所示。

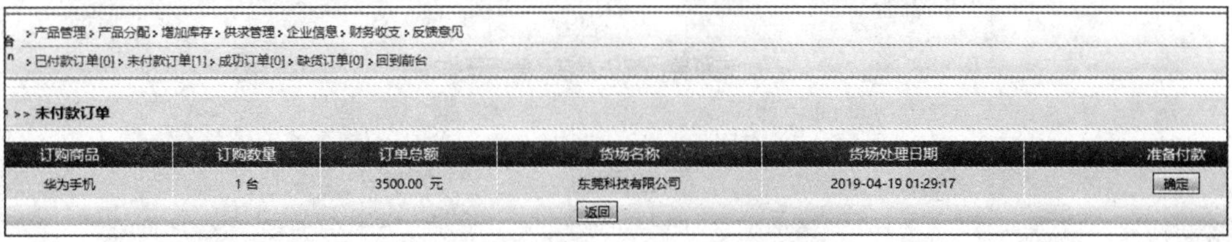

图 3–32　订单转交到购买方

企业购买用户收到订单提示后，对订单进行付款，付款完成后，在“进入课堂”的 EDI 界面，单击“创建新单据”按钮，进入图 3–33 所示的界面。系统会自动选出订单号，选择相应的订单号并填写单据以后，单击“发送”按钮，单据发送成功。

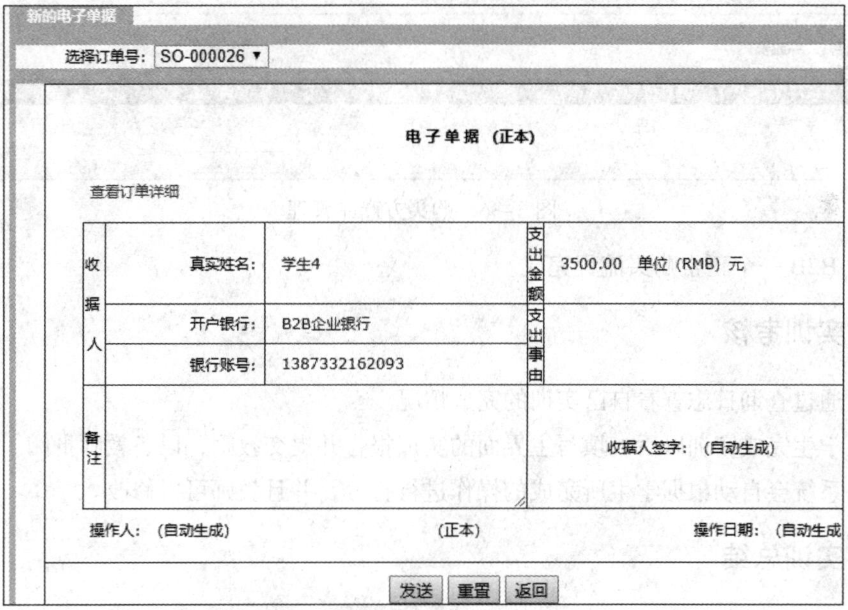

图 3–33　订单付款

单据发送成功以后，货场就会收到单据，然后进行发货，如图 3–34 所示。

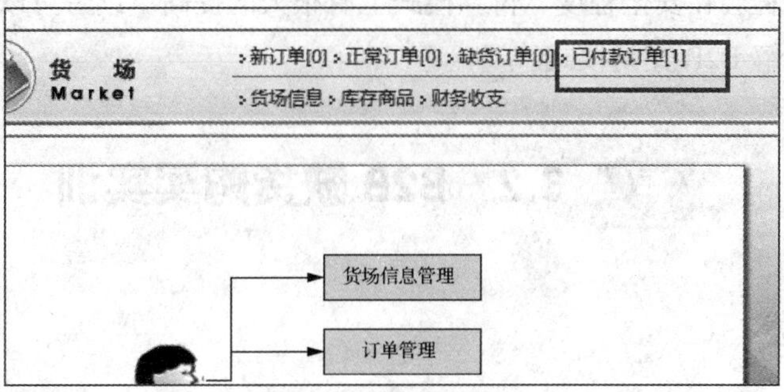

图 3–34　货场发货

单击“确定”按钮发货，如图 3–35 所示。发货成功以后，企业用户购买方即可查看发票回执并收货。

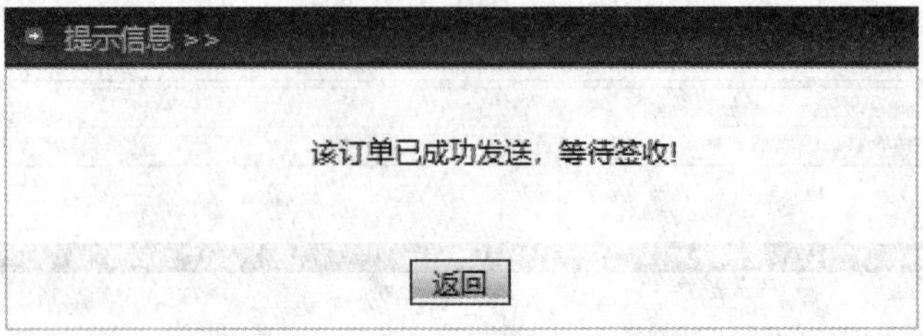

图 3–35　订单发送成功

此时，企业用户购买方单击“产品管理”按钮，即可看到商品已经成功购买，如图 3–36 所示。

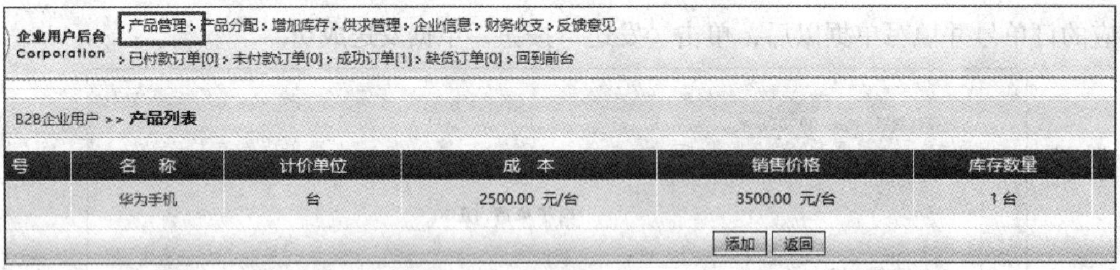

图 3–36　购买方产品管理

此时 B2B 一个正常购买流程完成。

3.1.5　实训考核

（1）通过查询日志查看自己实训的完成情况。

（2）学生完成实训以后，填写主界面的实训报告并提交教师，以备教师批阅。

（3）系统会自动根据学生所完成的操作进行打分，并且教师可以修改。

3.1.6　实训总结

B2B 是企业对企业的交易。真实生活中我们是以个人、以消费者的身份进行交易的，所以很难体会到 B2B 特别是后台操作的流程。此次实训对读者来说只是起到一个引导的作用，因为真正的交易流程会在安全程度、付款模式上有很大的提高。读者可以从网上查询资料，以便更加深刻地理解 B2B 交易模式。

3.2　B2B 缺货购买实训

3.2.1　实训概述

B2B 缺货购买流程是 B2B 正常购买流程的一个延伸，是对 B2B 购买流程功能和含义上的加深。B2B 缺货购买实训设计依然遵从博星系列教学系统的设立理念，使学生通过实训，能够真正从流程操作、后台管理等方面理解相关的理论和掌握主要的实践技能。缺货在现实中很常见，此次实训能够让学生了解缺货以后商家如何处理、订单如何流转，以便更好地应用到真实环境中去。在本次实训中，仍以一个小组的配合为主要实训方式，最终让学生体会商城缺货以后各部门之间是如何配合的、一个缺货购买流程是如何完成的。

3.2.2　实训目标

（1）了解 B2B 缺货购买流程的意义。

（2）掌握 B2B 缺货购买流程。

（3）思考 B2B 缺货购买流程与 B2B 正常购买流程的区别与联系。

3.2.3　实训任务

（1）登录博星电子商务教学系统，按照分配的小组，参考实训说明书进行实训。

（2）各小组配合，根据日志提示以及实训指导书进行 B2C 缺货交易流程。

（3）完成实训流程，填写实训报告，并提交给教师。

3.2.4　实训步骤

B2B 缺货购买流程开始之前，同样需要一些与 B2B 正常购买流程类似的准备工作。如果企业用户销售方的库存数量小于购买数量将产生缺货订单。系统提示购买成功时，商品销售方进入 EDI，单击“电子合同”按钮，创建合同，发送合同，选择订单号并填写、发送，这里合同创建与发送的操作与 B2B 正常购买流程是类似的，如图 3–37 所示。

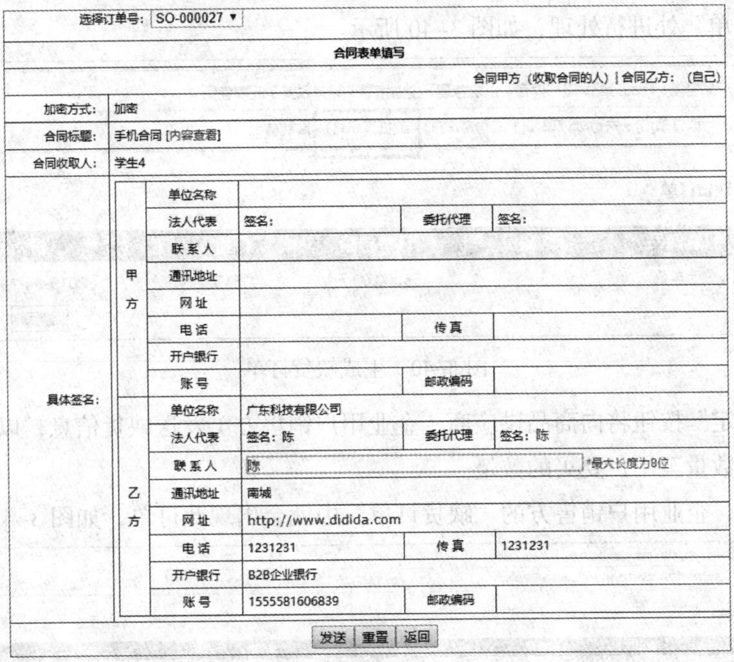

图 3–37　合同的创建与发送

商品销售方发送合同以后，商品购买方进入 EDI 中的电子合同，单击“收取新合同”按钮即可看到企业用户销售方发送的合同，单击“进入”按钮，解密回复，订单被转到了放置该货物的货场。

货场用户登录系统并且登录货场以后，会出现刚才流转过来的订单，如图 3–38 所示。

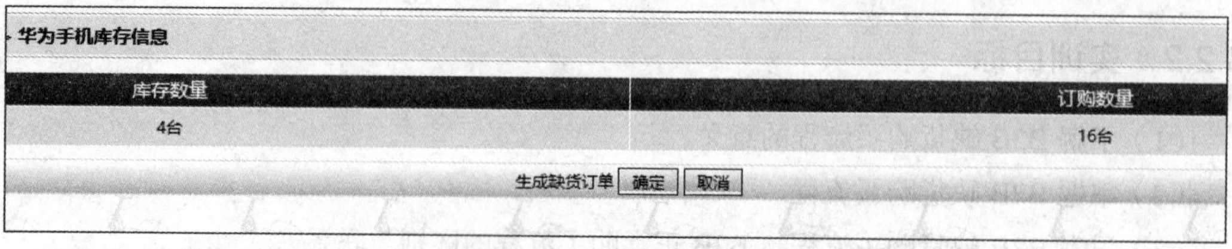

图 3–38　货场订单管理

单击“确定”按钮转到订单处理界面，如图 3–39 所示。

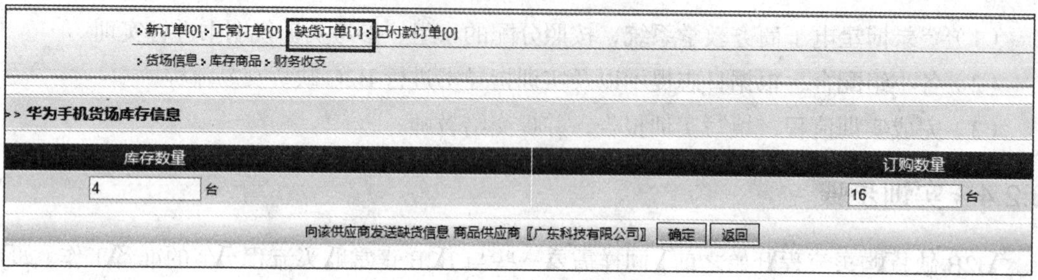

图 3–39　货场订单处理

如图 3–39 所示，假如购买的是 32 台，而销售方的库存只有 1 台，系统会自动判断库存的数量能否满足购买，不满足便会生成缺货订单。单击“确定”按钮生成缺货订单。然后再到“缺货订单”处进行处理，如图 3–40 所示。

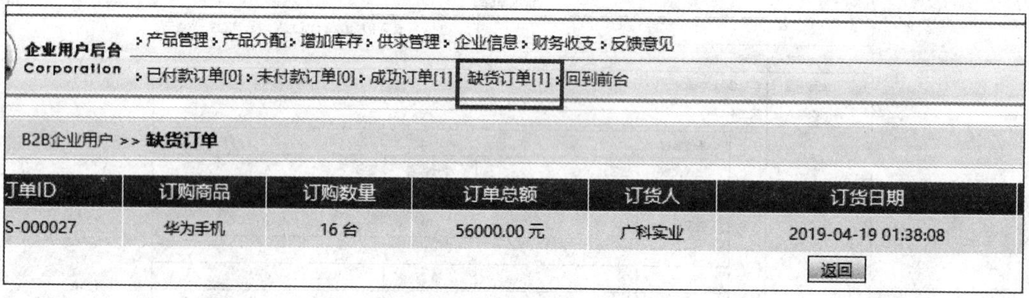

图 3–40　生成缺货订单

单击“确定”按钮将向商品供应商（企业用户销售方）发送缺货信息，以便企业用户向货场增加货物数量至用户要买的数量。

确定以后，企业用户销售方的“缺货订单”中就会出现此订单，如图 3–41 所示。

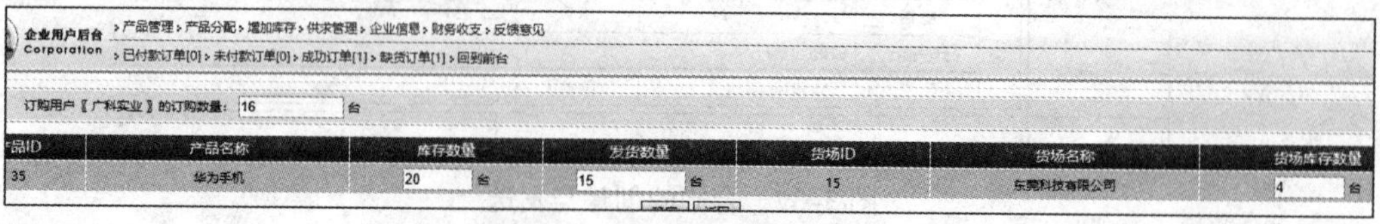

图 3–41　企业用户缺货订单

可以看到，这里显示客户订购的数量、库存数量、货场数量，根据这几个数量提示，可以填写向货场发货的数量。

企业用户向货场发货以后，货场里会再次显示这个订单，此时因为销售方已经发货，订单就成为正常订单，后面的处理就和 B2B 正常购买流程一样，可参照上一个实训 B2B 正常购买流程进行操作。

3.2.5　实训考核

（1）通过查询日志查看自己实训的完成情况。

（2）学生完成实训以后，填写主界面的实训报告并提交教师，以备教师批阅。

（3）系统会自动根据学生所完成的操作进行打分，并且教师可以修改。

3.2.6　实训总结

B2B 缺货购买流程，是基于 B2B 正常购买流程发展的，真实生活中，这种情况也很多，处理的方法也很多，我们设计的流程是一种能够解决缺货以后还要出售商品的方案。学生可以自行体会试验中每个部门是如何操作的，订单是如何流转的这个过程，以达到将理论知识应用于实践的目的。

第 4 章

电子商务 C2C 模拟实训

4.1 C2C 一口价实训

4.1.1 实训概述

电子商务教学实训系统中的 C2C 子系统一口价流程，依照真实的交易模式来设计，与拍卖流程相同，舍去了真实流程中很多的验证身份，比如注册拍拍就需要上传身份证，进行各种安全验证，这种流程不适合作为教学来使用。本次实训使用的电子商务教学系统只提取了 C2C 一口价的核心操作流程，使学生能够在进行很少的操作的情况下，理解 C2C 一口价的流程，从而为真实的环境中的学习打下基础。

4.1.2 实训目标

（1）了解 C2C 一口价流程的含义。

（2）熟悉 C2C 一口价流程。

（3）分析 C2C 拍卖流程和 C2C 一口价流程的区别与联系。

4.1.3 实训任务

（1）登录博星电子商务教学系统，按照分配的小组，参考实训说明书进行实训。

（2）各小组配合，根据日志提示进行 C2C 一口价流程。

（3）完成实训流程，填写实训报告，并提交给教师。

4.1.4 实训步骤

1. 出售方

当教师部署好一节课程时，学生登录系统主界面以后，单击“进入课堂”按钮进入 C2C

商城，单击主页面上的“注册”按钮进行注册，如图 4–1 所示的界面。

图 4–1　用户注册界面

填写注册信息，完成商城用户的注册，如图 4–2 所示。

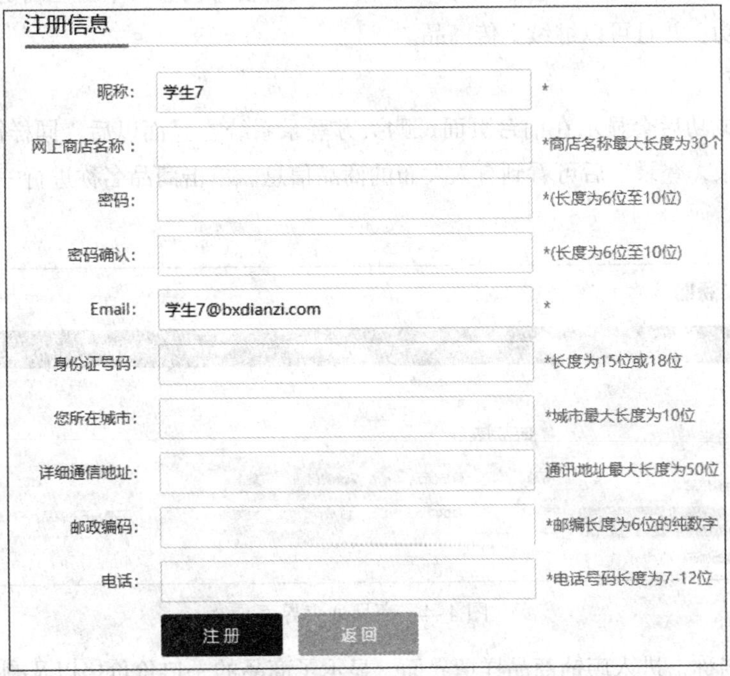

图 4–2　用户注册信息

注册完成后登录，并单击“进入我的后台”按钮进入后台，再单击界面上方的“卖东西”按钮添加要拍卖的商品，如图 4–3 所示。

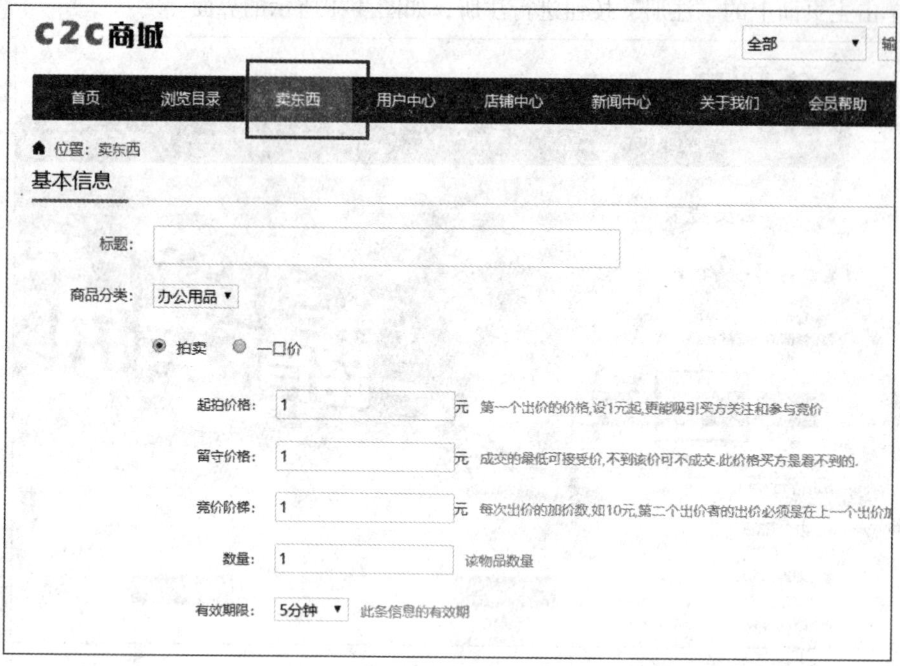

图 4–3　添加要拍卖的商品

填写商品的名称、选择出售方式为一口价、填写价格等信息，单击“确定”按钮，添加一口价商品成功，并且可以继续上传商品。

2. 购买方

商品添加成功后会显示在前台页面，购买方登录系统主界面以后，同样需要注册 C2C 会员，然后登录，登录以后可看到有人发布的商品信息。单击商品名称进行一口价购买，如图 4–4 所示。

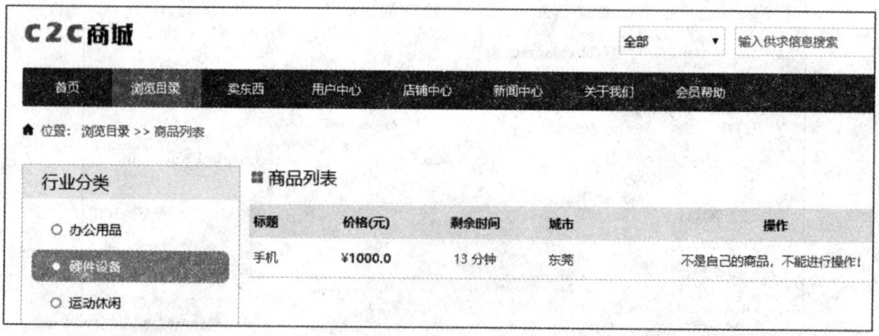

图 4–4　商品列表界面

单击商品名称，进入店铺商品详情界面，显示了商品的一口价价格以及剩余时间，在输入框中输入数量，单击“购买”按钮，一口价信息发送成功，如图 4–5 所示。

商品的剩余时间为 0 时，不能再进行购买。

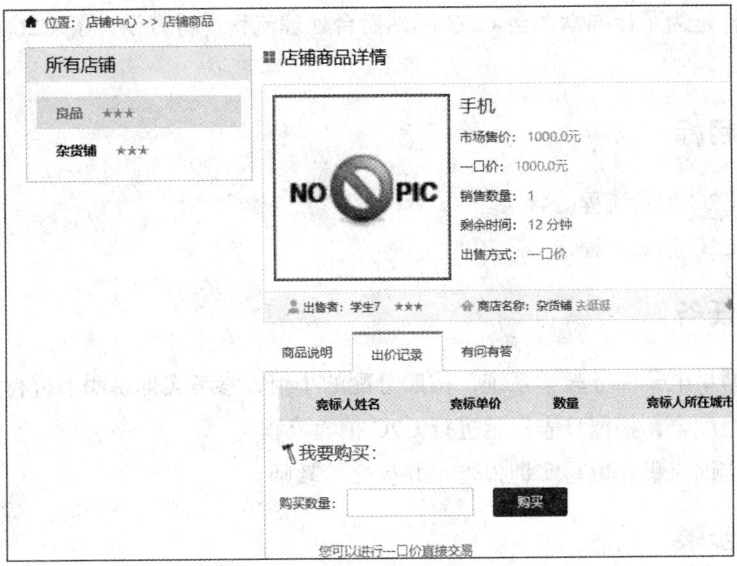

图 4–5　店铺商品详情界面

4.1.5　实训考核

（1）通过查询日志查看自己实训的完成情况。

（2）学生完成实训以后，填写主界面的实训报告并提交教师，以备教师批阅。

（3）系统会自动根据学生所完成的操作进行打分，并且教师可以修改。

4.1.6　实训总结

电子商务教学实训系统中的 C2C 子系统一口价流程，是网上除了拍卖流程以外，另一种较多的个人交易模式。一口价流程与拍卖流程有相同的地方，就是参与交易的双方都是个人。但也有区别，拍卖流程的价格是不确定的，只存在一个低价，至于最终成交价格是什么，要根据拍卖的效果来看，而效果又取决于商品的质量；而一口价，卖家会出一个价格，没有讨价还价的余地。

4.2　C2C 拍卖实训

4.2.1　实训概述

电子商务教学实训系统中的 C2C 子系统拍卖交易流程，模拟了现实中 C2C 网站上拍卖的方式，但是由于网站上考虑到安全问题，信用和保密、认证等流程的设计比较复杂，如果按照那种方式进行练习，会占用大量时间且会将时间浪费在烦琐的申请过程中，不能让学生体会 C2C 拍卖的特点。故本系统中提取了 C2C 交易的重点交易过程，让学生进行最简洁的操作练习，即可领悟 C2C 拍卖的精髓。

另外，同样是为了让同学体会 C2C 网站后台处理流程，特意设计了 C2C 管理员这个角色供学生实训。

4.2.2 实训目标

（1）了解 C2C 拍卖流程的含义。

（2）熟悉 C2C 拍卖流程。

4.2.3 实训任务

（1）登录博星电子商务教学系统，按照分配的小组，参考实训说明书进行实训。

（2）各小组配合，根据日志提示进行 C2C 拍卖流程。

（3）完成实训流程，填写实训报告，并提交给教师。

4.2.4 实训步骤

1．拍卖方

当教师部署好一节课程时，学生登录系统主界面以后，单击上方的“进入课堂”按钮，进入 C2C 商城；单击主页面的“注册”按钮进行注册，然后登录；单击“进入我的后台”按钮进入后台以后，单击界面上方的“卖东西”按钮添加要拍卖的商品，如图 4–6 所示。

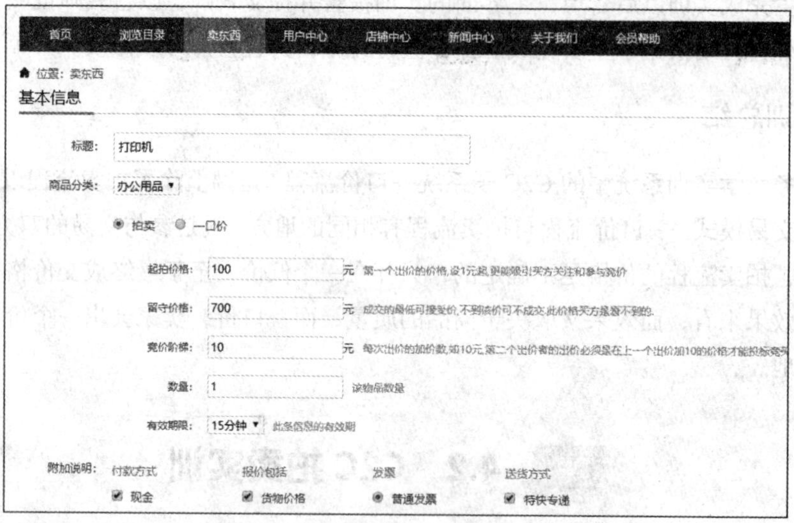

图 4–6 添加拍卖商品

填写商品的名称，选择出售方式为“拍卖”，填写价格等信息，单击“确定”按钮，添加拍卖商品成功。可以继续上传商品。

2．竞拍方

商品添加成功后会显示在前台页面，竞拍方登录系统主界面以后，同样需要注册 C2C 会员，然后登录，登录以后即可看到有人发布的商品信息。单击商品名称进行竞拍，如图 4–7 所示。

图 4–7　拍卖商品列表

在店铺商品详情界面中，显示了商品的起拍价格、竞价阶梯、销售数量以及剩余时间，还有竞拍记录供竞拍者参考，在输入框中输入价格、数量，单击“竞拍”按钮，竞拍信息发送成功，如图 4–8 所示。

在这个页面上可以看到该商品拍卖剩余的时间，时间到期之后，系统会自动判断竞拍价格高于留守价格的竞拍者，系统会选择出价最高的一个竞拍者竞拍成功。

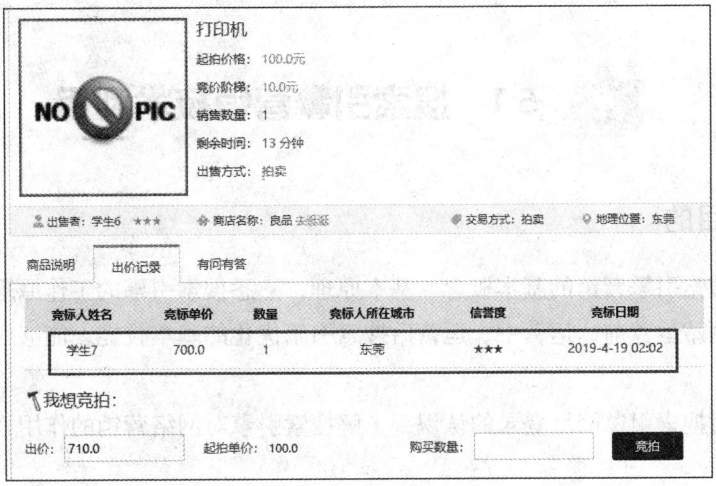

图 4–8　店铺商品详情

4.2.5　实训考核

（1）通过查询日志查看自己实训的完成情况。

（2）学生完成实训以后，填写主界面的实训报告并提交教师，以备教师批阅。

（3）系统会自动根据学生所完成的操作进行打分，并且教师可以修改。

4.2.6　实训总结

现实中这种 C2C 交易模式很普遍，可以说是作为个人消费者接触比较多的一种网上交易模式。通过学习该实训，可以登录真实的网上环境，比如拍拍网之类的个人交易模式网站，体会真实拍卖模式的流程，可以发现真实的拍卖对于安全验证、网上交易等安全流程做得很到位，这也是由于网上交易模式的性质所决定的。通过这次 C2C 拍卖流程的操作会对 C2C 拍卖模式有一定的了解，可以通过以后更加深入地学习，对中国电子商务交易存在的问题，提出自己的设想，贡献自己的力量。

第 5 章 电子商务技术应用实训

5.1 搜索引擎营销技术利用

5.1.1 实训目的

（1）理解搜索引擎营销的基本概念、基本原理，熟悉搜索引擎的工作原理。

（2）掌握网站运营前、运营中、运营后搜索引擎优化的基本技能，能够应用百度推广搜索引擎营销。

（3）通过对搜索引擎网址登录的认识，了解搜索引擎对网络营销的作用，如何有效地支持网络营销。

（4）学习和对比各个搜索引擎的收录情况。

5.1.2 理论知识点

1．搜索引擎

搜索引擎（Search Engine）是指根据一定的策略、运用特定的计算机程序从互联网上采集信息，对信息进行组织和处理后，为用户提供检索服务，将用户搜索的相关信息展示给用户的系统。

2．搜索引擎的工作原理

搜索引擎的自动信息搜集功能分为两种。一种是定期搜索，即每隔一段时间，搜索引擎主动派出“蜘蛛”程序，对一定 IP 地址范围内的互联网站进行检索，一旦发现新的网站，它会自动提取网站的信息和网址加入自己的数据库。另一种是提交网络搜索，即网站主动向搜索引擎提交网址，它在一定时间内（2 天到数月不等）定向向网站派出“蜘蛛”程序，扫描网站并将有关信息存入数据库，以备用户查询。

当用户以关键词查找信息时，搜索引擎会在数据库中进行搜寻，如果找到与用户要求内容相符的网站，便采用特殊的算法——通常根据网页中的关键词的匹配程度、出现的位置/频次和链接质量等，计算出各网页的相关度及排名等级，然后根据关联度高低，按顺序将这些网页链接返回给用户。

3．搜索引擎营销原理

传统营销需要选择目标市场，通过创造、传递、传播优质的客户价值，获得、保持和发展优质的客户。而在互联网时代，网站由于其内容丰富、查阅方便、不受时空限制、成本低等优势，广受网民和商家的喜爱，成为传递、传播价值的主要手段，并在获得、保持和发展客户方面呈现强大的潜力。所以，围绕网站的营销活动将会越来越丰富。

可以将搜索推广定义为这样一种营销方式：用关键词来锁定不同人群，通过相关搜索结果页和网站上有针对性的信息与搜索引擎用户进行互动来达到营销的目的，也就是说，搜索不同关键词的搜索者都各自有一些独特的兴趣点或社会属性，而营销者可以根据关键词来细分不同的兴趣点和目标受众，选择有针对性的搜索结果信息和网页与之沟通，达到精准的营销目的。

4．百度搜索推广

百度搜索推广是一种按效果付费的网络推广方式，是百度推广的一部分。网民每天在百度进行数亿次的搜索，其中一部分搜索词明确地表达了某种商业意图，即希望购买某一产品，寻找提供某一服务的提供商，或希望了解该产品/服务相关的信息。同时，提供这些产品/服务的企业也在寻找潜在客户。通过百度搜索推广的关键词定位技术，可以将高价值的企业推广结果精准地展现给有商业意图的搜索网民，同时满足网民的搜索需求和企业的推广需求。

百度搜索推广具有覆盖面广、针对性强、按效果付费、管理灵活等优势。可以将推广结果免费地展现给大量网民，但只需为有意向的潜在客户的访问支付推广费用。相对于其他推广方式，可以更灵活地控制推广投入，快速调整推广方案，通过持续优化不断地提升投资回报率。

5.1.3　实训任务

（1）注册并登录百度搜索推广账户。

（2）百度推广界面的认识。

（3）百度推广账户的基本操作。

（4）百度推广创意的制作。

（5）百度推广关键词的基本操作。

（6）百度推广账户的控制。

5.1.4　实训步骤

1．注册百度搜索推广账户

登录百度推广主页（http://e.baidu.com），先注册百度搜索推广账户，并支付必要的预付款项。在收到款项并确认账户内已添加关键词后，百度将在两个工作日内处理用户的申请，对用户的推广资质进行初步审核，处理完毕后即可为用户开通账户，如图 5-1 ~ 图 5-3 所示。

图 5-1　百度推广注册主页

图 5-2　百度推广注册信息

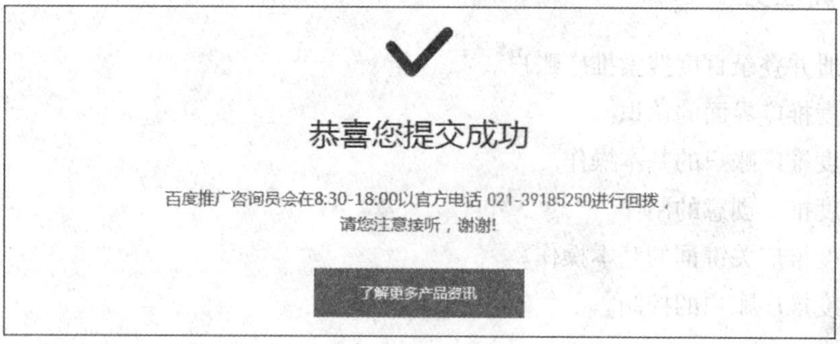

图 5-3　百度推广注册成功

如果用户所在地区已存在百度分公司或地区代理商，也可以直接联系他们办理百度搜索推广的账户开通与服务申请事宜，如图 5-4 和图 5-5 所示。

图 5-4　百度分公司或地区代理商（一）

图 5-5　百度分公司或地区代理商（二）

2. 登录百度推广账户

登录账号如图 5-6 所示。

图 5-6　百度推广登录页面

3. 查看百度推广账户界面

登录后看到图 5-7 所示的界面。

图 5-7 用户账户首页

用户账户首页界面详解：

（1）在账户旁边有一个灰色的 V，它是一个公司真实性验证的系统的标志，在加 V 后会被点亮。在网页搜索中出现公司的名称后 LOGO 会在搜索页左端显示出来，如搜索“凡客”后可看到图 5-8 所示的 LOGO。

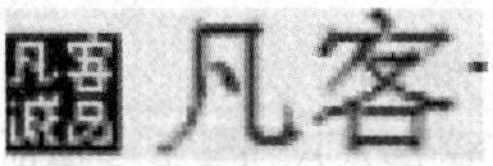

图 5-8 公司真实性验证系统标志

（2）某公司在百度推广上的情况：全部、搜索推广、网盟推广。三个项目可单击相关针对性的图标以了解详细情况。“点击”和“消费”两项可选择性观看。时间设定能选择近一年的“点击”与“消费记录”，并以图表的形式观看。可看到 6 个选项可供选择，“自定义时间段”可以随意选择两个时间进行观看对比，如图 5-9 所示。

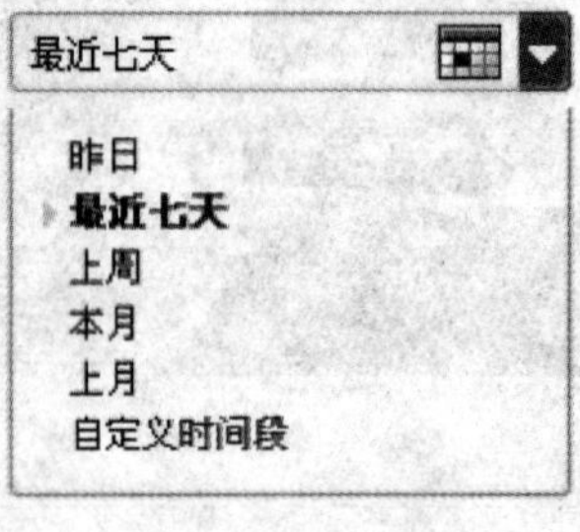

图 5-9 自定义时间段选择

5.2　CA 认证和数字证书技术实训

5.2.1　实训目标

（1）了解当前各种数字证书机构的状况。

（2）了解数字证书的类型和作用。

（3）掌握申请数字证书的方法。

（4）加深对数字证书的概念和作用的理解。

（5）使用数字证书解密加密电子邮件。

5.2.2　实训任务

（1）查找免费的数字证书，并成功申请个人数字证书。

（2）选定一家免费证书提供机构，为自己申请一张安全电子邮件证书。

（3）在 IE 浏览器中查看自己申请成功的数字证书。

（4）使用数字证书加密、解密电子邮件。

5.2.3　实训预备知识

1．数字证书

数字证书是由权威公正的第三方机构即 CA 中心签发的，一串很长的包含有客户基本信息及 CA 签字的数学编码。以数字证书为核心的加密技术可以对网络上传输的信息进行加密和解密、数字签名和签名验证，确保网上传递信息的机密性、完整性，以及交易实体身份的真实性，签名信息的不可否认性，从而保障网络应用的安全性。

2．数字证书工作原理

数字证书采用公钥密码体制，即利用一对互相匹配的密钥进行加密、解密。每个用户拥有一把仅为本人所掌握的私有密钥（私钥），用它进行解密和签名；同时拥有一把公共密钥（公钥）并可以对外公开，用于加密和验证签名。当发送一份保密文件时，发送方使用接收方的公钥对数据加密，而接收方则使用自己的私钥解密，这样，信息就可以安全无误地到达目的地，即使被第三方截获，由于没有相应的私钥，也无法进行解密。通过数字的手段保证加密过程是一个不可逆过程，即只有用私有密钥才能解密。在公开密钥密码体制中，常用的一种体制是 RSA 体制。

3．公钥加密体制与 RSA 原理

根据加密密钥和解密密钥是否相同或本质上相同，即从其中一个容易推出另一个，可将现有的加密体制分为两种，即单钥加密体制和双钥加密体制。前者的加密密钥和解密密钥或者相同或者本质上相同，即从其中一个可以很容易地推出另一个，其典型代表是美国的数据加密标准（DES）；后一种加密体制中的加密密钥和解密密钥不相同，并且从其中一个很难推

出另一个，因此它的加密密钥可以公开，而解密密钥可以由用户自己保存，其典型代表是 RSA 体制。

5.2.4 实训内容与步骤

1．搜索提供数字证书的机构

在百度搜索引擎中输入“数字证书”，可以找到很多国内的 CA 机构，这些 CA 机构都提供不同类型的数字证书。

2．对这些机构提供的数字证书类型及其作用进行分析

目前国内的证书机构能够提供的证书类型主要包括个人数字证书、企业数字证书、服务器身份证书、安全 Web 服务证书、安全电子邮件证书、代码签名证书等。各种不同类型的证书作用不同。个人数字证书中包含证书持有者的个人身份信息、公钥及 CA 的签名、在网络通信中标识证书持有者的个人身份；企业数字证书中包含企业基本信息、公钥及 CA 的签名、在网络通信中标识证书持有企业的身份；服务器身份证书中包含服务器信息、公钥及 CA 的签名、在网络通信中标识和验证服务器身份；在网络应用系统中，服务器软件利用证书机制保证与其他服务器或客户端通信的安全性。

安全 Web 站点证书中包含 Web 站点的基本信息、公钥和 CA 的签名，凡是具有网址的 Web 站点均可申请使用该证书，主要和网站的 IP 地址、域名绑定，可以保证网站的真实性和不被人仿冒；代码签名证书是 CA 中心签发给软件提供商的数字证书，包含软件提供商的身份信息、公钥及 CA 的签名，软件提供商使用代码签名证书对软件进行签名后放到 Internet 上，当用户在 Internet 上下载该软件时，将会得到提示，从而可以确信软件的来源，并确认软件自签名后到下载前没有遭到修改或破坏；安全电子邮件证书中包含证书持有者的电子邮件地址、公钥及 CA 的签名，使用安全电子邮件证书可以收发加密和数字签名邮件，保证电子邮件传输中的机密性、完整性和不可否认性，确保电子邮件通信各方身份的真实性。

3．选定一种个人数字证书，为自己申请该数字证书

由于大多数证书机构都要求对提供的数字证书收费，在此提供一些可以免费试用证书的 CA 网址：

https://testca.sheca.com

http://www.verisign.com（需有访问国外网站的权限）

（1）登录到上海市数字认证中心（https://www.sheca.com），单击“产品”→“数字证书与客户端”→“邮件证书”超链接，选择试用“30 天免费证书”。

（2）只有安装了根证书（即证书链）的计算机，才能完成后面的申请步骤和正常使用在 CA 中心申请的数字证书，所以需要先进行证书链的安装。按照系统提示，可以在 http://www.cnca.net 页面中单击“下载证书链”按钮并进行安装。

（3）在系统“证书导入成功”提示框出现后，进入“基本信息”表单。按照表单的提示内容，完整地输入个人资料，如姓名、电话、手机、邮箱、公司、地址等，并单击“订购”按钮，完成提交。

（4）选择填写补充信息，具体包括有效证件类型、证件号码、出生日期、性别、住址、通信地址、邮政编码、联系电话、传真号码以及存储介质等。完成后，单击“提交”按钮，随后系统将进行数字证书的下载。在完成上述步骤后，系统将发送一封申请成功的信件到用户申请时使用的邮箱内，其中包括业务受理号、密码以及数字证书下载的地址。

（5）单击数字证书的下载地址链接，并填写业务受理号和密码并提交，系统即提示用户安装的数字证书的基本信息，然后单击“安装证书”按钮，当系统给出“证书成功下载并装入应用程序中”提示后，表明用户的证书已经成功安装。

（6）目前数字证书服务主要针对机构组织开放，不同平台数字证书的申请略有差异。所以在申请数字证书时，有必要先清楚数字证书的使用平台，然后再根据“广东省电子商务认证有限公司 http://www.cnca.net 的“客户快捷通道”完成相关证书的申请。

4. 在 IE 浏览器中查看已经申请成功的数字证书

（1）首先打开 IE 浏览器，选择“工具”→“Internet 选项”命令，在“Internet 选项”对话框中，选择“内容”选项卡，单击“证书”按钮查看当前信任的证书列表。

（2）在“证书”对话框中，选择“个人”选项卡，可以查看到已经申请的个人数字证书列表。

（3）选定需要查看的个人数字证书，然后单击“查看”按钮，可以查看相应数字证书的详细信息。

5. foxmail 电子邮箱数字签名与加密

（1）登录 http://ca.foxmail.com.cn 页面，可以申请数字证书。申请证书需要经过以下步骤：

第一步，安装 CA 根证书。

第二步，申请证书，填写邮件地址和必要的用户信息。

第三步，接收证书发放机构发送过来的邮件，获得序列号和密码信息。

第四步，下载并安装证书，下载过程需要提供序列号和密码。

（2）安装后，可以在系统中查看证书。打开 IE 浏览器，选择“工具”→“Internet 选项”命令，在弹出的对话框中切换到“内容”选项卡，单击“证书”按钮，在弹出的“证书”对话框中，可以查看系统中已经安装的各个证书。（备注：当发现证书的私钥泄密或其他原因引起不可信时，可以通过页面上的“撤销您的证书”功能，将证书撤销。撤销的证书是不可恢复的。）

（3）证书申请页面还提供了证书废止列表下载。证书废止列表（CRL）记录了所有我们的 CA 服务用户中被废止的证书的相关信息，系统可能会自动查找证书废止列表并下载，如果需要，可以手工下载 CRL 文件，选中该文件并右击，可进行 CRL 的安装。

6. 发送签名邮箱

（1）要为邮件添加数字签名，请在写邮件窗口中选择“工具”→“数字签名”命令，或者单击工具栏中的“签名”按钮。

（2）使用某个账户发送数字签名邮件，必须首先为该账户的电子邮件地址申请一个数字证书；否则，发送邮件时，将提示用户申请数字证书。

（3）在账户属性中，可以为账户设置证书。发送数字签名邮件时，将使用该证书进行签名，如果没有设置，将弹出“证书选择”对话框，提示用户选择一个证书作为本账户的证书。

7. 发送加密邮箱

（1）要加密邮件，请在写邮件窗口中选择“工具”→“加密”命令，或者单击工具栏中的“加密”按钮。

（2）发送加密邮件，需要使用收件人的公钥，对邮件进行加密。一般有以下两种方法取得并使用收件人的公钥加密邮件：

① 直接回复带有数字签名的邮件，并对邮件进行加密。回复邮件的收件人自动包含了其证书信息（公钥），双击写邮件窗口中的“收件人”按钮，将弹出“地址簿卡片属性”对话框，在“数字证书”选项卡可以查看收件人的证书信息。

② 向包含数字证书的卡片发送加密邮件。要把含有公钥信息的数字证书添加到地址簿卡片中，请参考添加数字证书。

8. 阅读数字签名或加密邮件

（1）带数字签名的邮件，邮件图标上有一个飘带标记；加密的邮件，邮件图标上有一把锁作为标记。

（2）正常情况下，阅读带数字签名或加密的邮件与阅读其他邮件一样，Foxmail 会自动显示邮件的内容。但是，如果阅读的邮件存在安全问题，例如邮件已被篡改或发件人的数字证书已过期，Foxmail 将显示安全警告信息，详细说明问题所在。在安全警告信息显示框中，有三个按钮，分别是：

打开邮件：显示邮件内容。

查看数字证书：查看发件人的数字证书详细信息。

编辑信任：查看或修改对该数字证书的信任方式。

（3）打开一个带有数字签名或者加密的邮件，邮件内容右上方将显示签名或者加图标，单击该图标，可以查看邮件的安全属性。

（4）在“安全属性”对话框中，可以查看邮件所采用的签名、加密算法，查看签名、加密证书。对于签名邮件，还可以把发件人的数字证书信息添加到址簿中。

5.3 网上支付与结算技术实训

5.3.1 实训目标

（1）掌握网上银行的运营特点和支付流程，了解电子银行的相关知识。

（2）认识电子银行支付的安全性。

（3）掌握如何通过网上银行进行购物的流程。

5.3.2　实训预备知识

1. 网上银行

网上银行又称网络银行、在线银行，是指银行利用 Internet 技术，通过 Internet 向客户提供开户、查询、对账、行内转账、跨行转账、信贷、网上证券、投资理财等传统服务项目，使客户可以足不出户就能够安全便捷地管理活期和定期存款、支票、信用卡及个人投资等。可以说，网上银行是 Internet 上的虚拟银行柜台。

网上银行又被称为“3A 银行”，因为它不受时间、空间限制，能够在任何时间（Anytime）、任何地点（Anywhere）、以任何方式（Anyway）为客户提供金融服务。网上银行具有无纸化交易、服务方便、快捷、高效、可靠，经营成本低廉和简单易用等特点。

2. 网银服务

网银服务是依托于网上银行所提供的一系列服务，主要包括：

（1）指提供网上形式的传统银行业务，包括银行及相关金融信息的发布、客户的咨询投诉、账户的查询勾兑、申请和挂失以及在线缴费和转账功能。

（2）电子商务相关业务，既包括商户对客户模式下的购物、订票、证券买卖等零售业务，也包括商户对商户模式下的网上采购等批发业务的网上结算。

（3）新的金融创新业务，比如集团客户通过网上银行查询子公司的账户余额和交易信息，再签订多边协议。

5.3.3　实训内容与步骤

（1）登录中国银行网站（http://www.boc.cn/），查看中国银行相关业务，阅读了解银行章程，网上个人银行交易规则、安全措施、收费标准等内容，如图 5-10 和图 5-11 所示。

图 5-10　中国银行首页

图 5-11　中国银行网上银行项目

（2）单击“电子银行”下的“个人网上银行”按钮，提示下载安全控件，如图 5-12 ~ 图 5-14 所示。

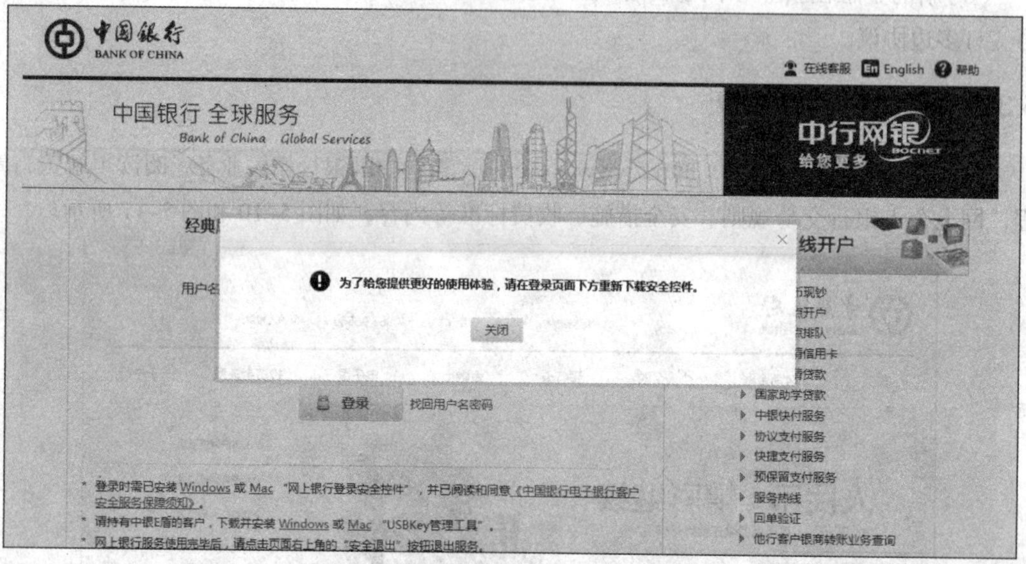

图 5-12　安全控件下载提示

（3）根据计算机系统的不同，选择不同的安全控件进行安装，安装完成以后即可输入账号和密码登录个人网银首页。

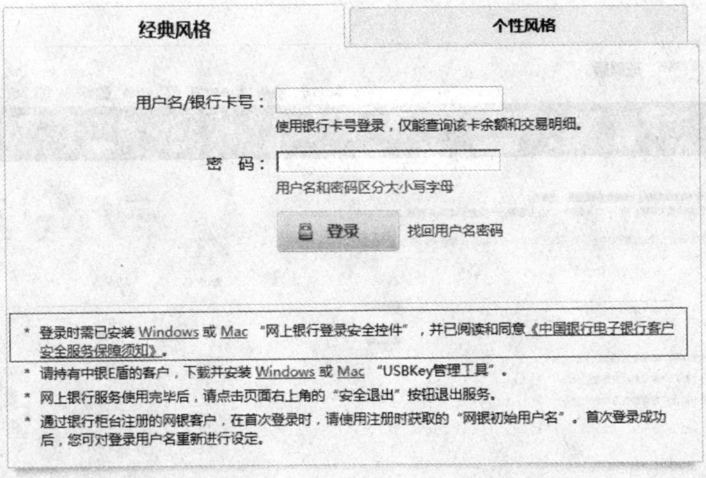

图 5-13　中国银行网上银行登录界面

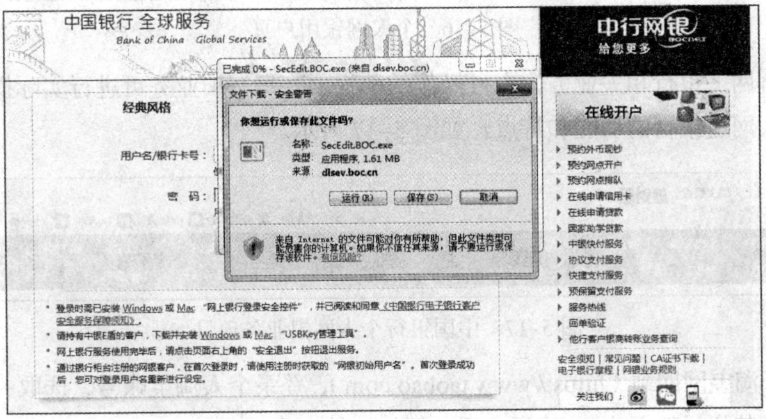

图 5-14　下载登录安全控件

（4）输入银行卡或者网银账号，并输入对应的网银密码，进入个人网银首页，如图 5-15 和图 5-16 所示。

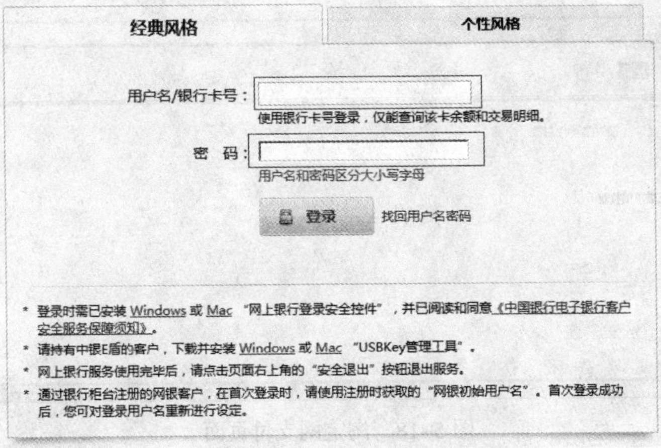

图 5-15　个人网银登录界面

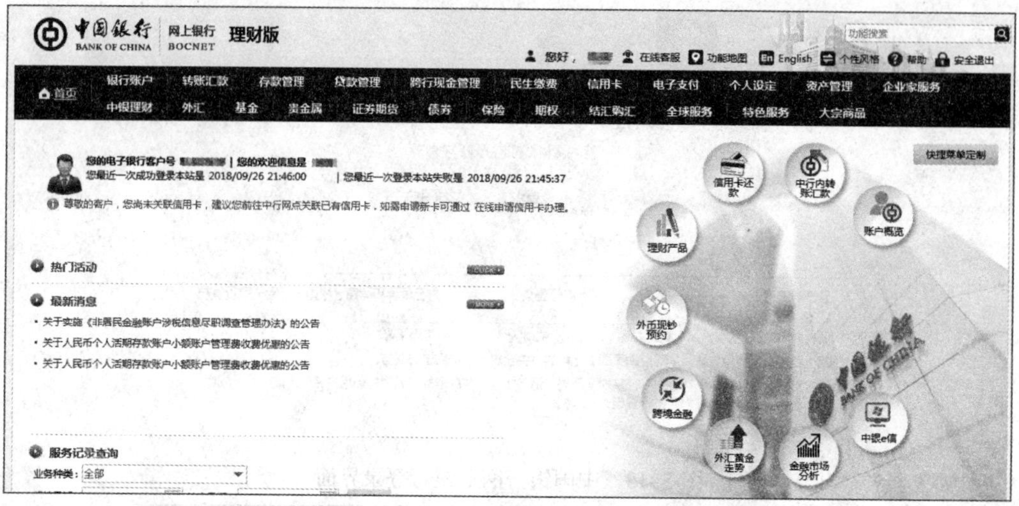

图 5-16　个人网银用户页

（5）了解网上银行相关业务，在可操作的前提下，每一项业务可进行实际操作，以便进一步了解个人网上银行的功能和特点，如图 5-17 所示。

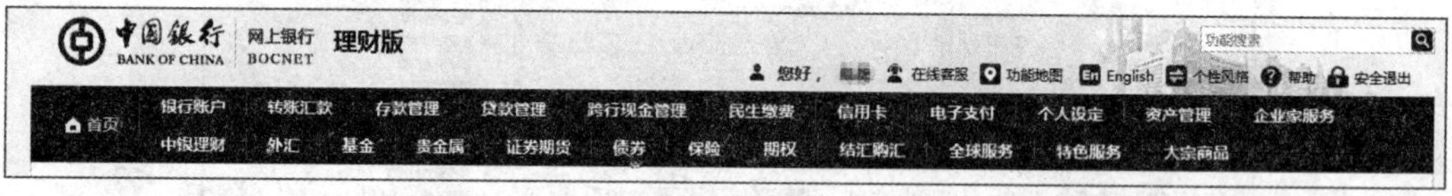

图 5-17　中国银行个人网银业务项目

（6）打开淘宝网网站（https://www.taobao.com），登录个人淘宝账号，选取一件商品进行付款，选择“其他付款方式”，然后选择“添加快捷/网银付款”，如图 5-18 和图 5-19 所示。

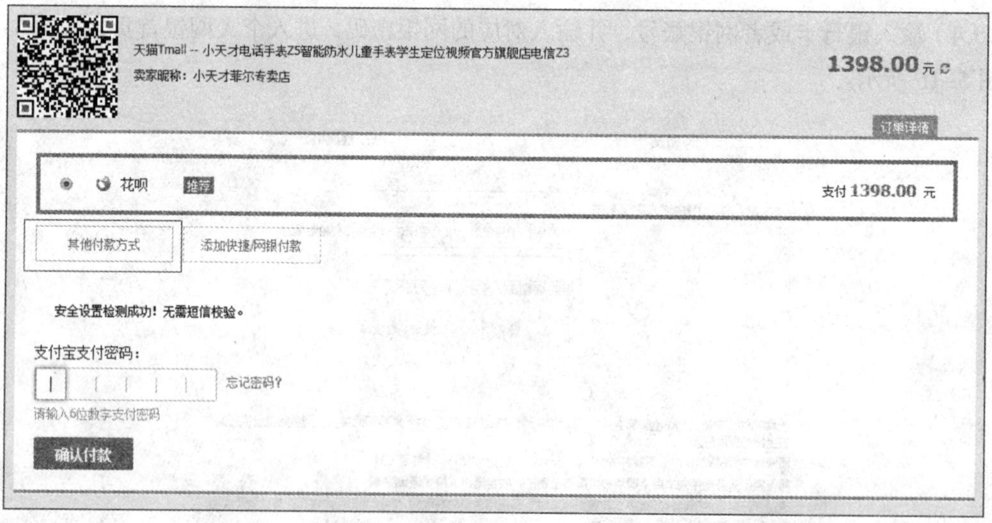

图 5-18　淘宝网支付页面

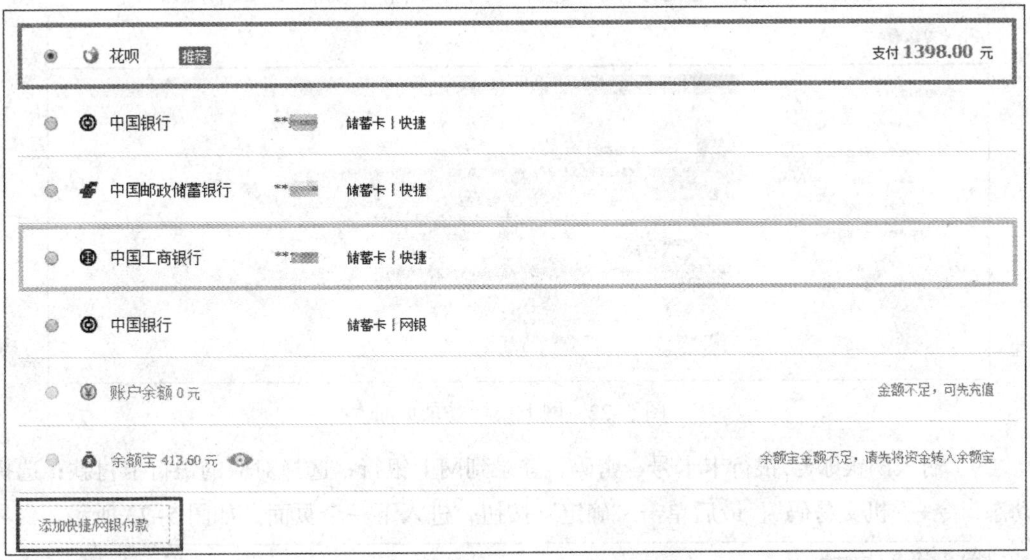

图 5-19　添加网银付款页面

（7）输入银行卡号码，并单击“下一步”按钮，选择“网上银行”，进入网上银行登录控件，单击“登录到网上银行付款”按钮，如图 5-20 和图 5-21 所示。

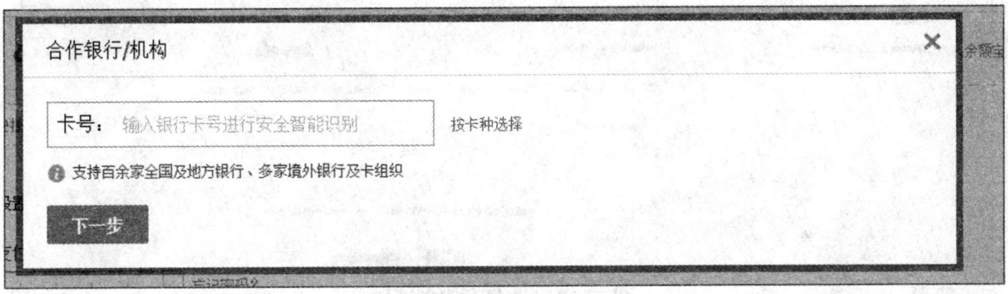

图 5-20　填写银行卡卡号

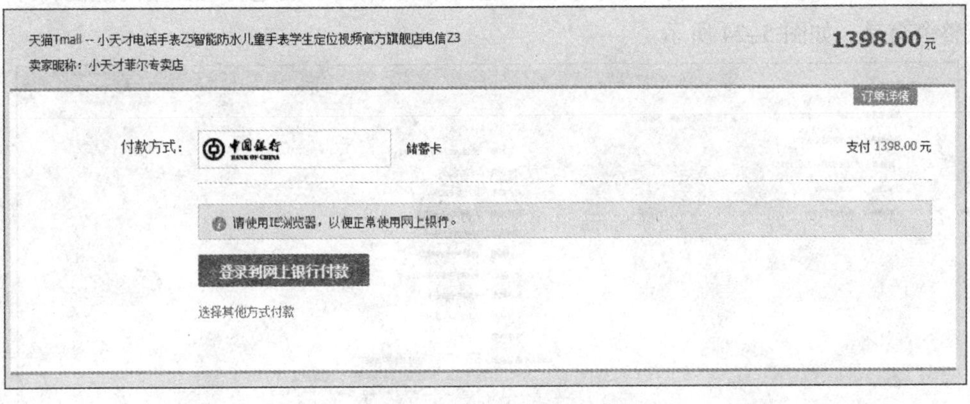

图 5-21　单击“登录网上银行付款”按钮

（8）页面跳转到网上银行登录页面，选择“网银支付”，如图 5-22 所示。

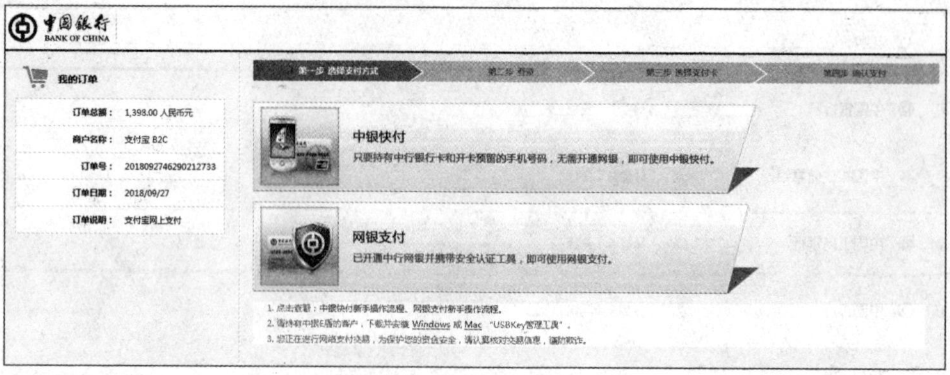

图 5-22　网上银行登录页面

（9）输入网银账号/银行卡卡号、密码，登录到网上银行；选择对应的银行卡付款；选择“动态口令+手机交易码”，最后单击“确定”按钮，进入下一个页面，如图 5-23 所示。

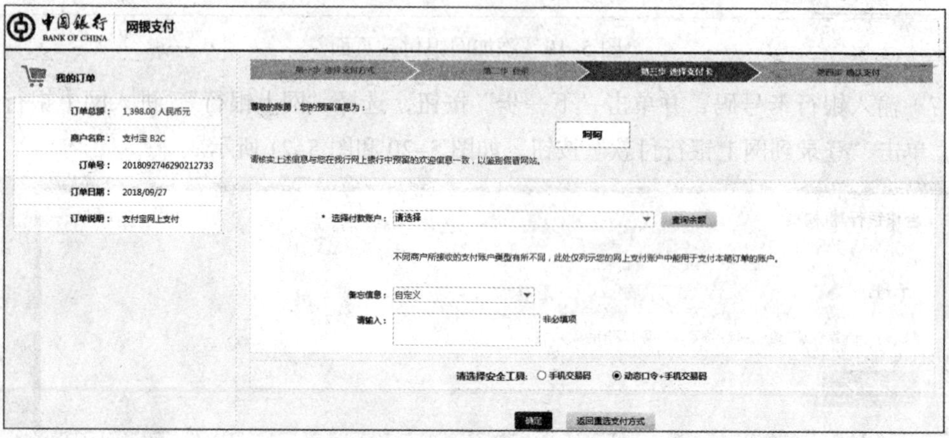

图 5-23　选择付款账号

（10）通过之前绑定的银行卡和在银行开通的中国银行 U 盾进行验证码的验证，即可以完成整个交易，如图 5-24 所示。

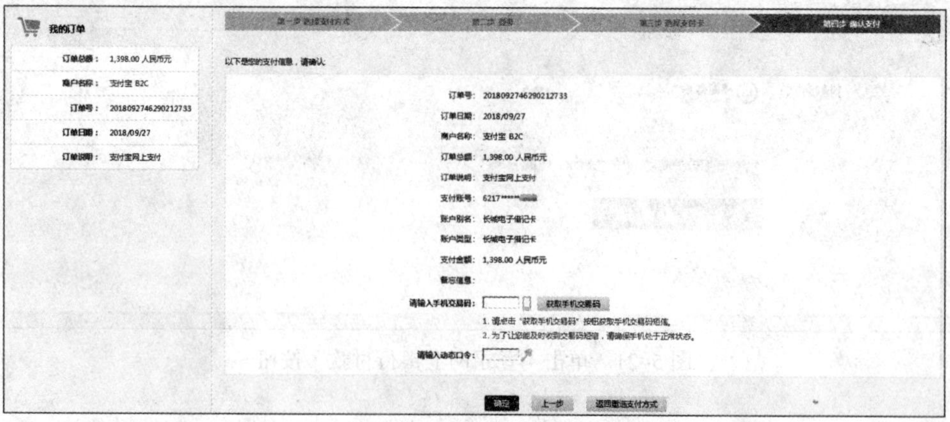

图 5-24　网上银行交易验证

5.4　电子商务物流技术实训

5.4.1　实训目的

（1）了解京东物流提供服务类型。

（2）熟悉电商物流订单履行的流程。

（3）能根据京东网点布局描述可能的物流配送路线。

5.4.2　实训预备知识

1. 电子商务物流的概念和特点

1）电子商务物流的概念

电子商务下的物流配送，就是信息化、现代化、社会化的物流配送。它是指物流企业采用网络化的计算机技术和现代化的硬件设备、软件系统及先进的管理手段，针对社会需求，严格地、守信用地按用户的订货要求，进行一系列分类、编配、整理、分工、配货等理货工作，定时、定点、定量地交给没有范围限度的各类用户，满足其对商品的需求。

2）电子商务下物流的特点

（1）信息化。表现为：物流信息收集的代码化，物流信息处理的电子化，物流信息传递的标准化和实时化，物流信息存储的数字化，物流信息自身的商品化等。

（2）自动化。自动化的基础是信息化；自动化的核心是机电一体化；自动化的外在表现是无人化；自动化的效果是省力化。

（3）网络化。网络化包括外部网络化和内部网络化。外部网络化是指物流配送系统的计算机网络，包括物流中心与上游供应商或制造商联系的计算机网络，与下游顾客之间联系的计算机网络。内部网络化是指建立物流组织的内部网（Intranet），管理电子化、网络化，整合企业内部流程，更重要的是，通过内部网的建设，实现物流实体的网络化布局与管理。

（4）智能化。智能化是物流自动化、信息化的一种高层次应用，物流作业过程中大量的运筹和决策，如库存水平的确定、运输（搬运）路径的选择、自动导向车的运行轨迹和作业控制、自动分拣机的运行、物流配送中心经营管理的决策支持等问题都需要借助大量的知识才能解决。

（5）柔性化。国际生产领域提出“以顾客为中心”理念，即真正地根据消费者需求的变化来灵活地调节生产工艺，并纷纷采用弹性制造系统（Flexible Manufacturing System，FMS）、计算机集成制造系统（Computer Integrated Manufacturing System，CIMS）、制造资源系统（Manufacturing Requirement Planning，MRP-Ⅱ）、企业资源计划（Enterprise Resource Planning，ERP）以及供应链管理（SCM）的概念和技术，这些概念和技术的实质是要将生产、流通进行集成，根据需求端的需求组织生产，安排物流活动，实现生产的柔性化。

2．电子商务物流配送模式

1）概述

物流配送模式是指构成配送活动的诸要素的组合形态以及其运动的标准形式，它是根据经济发展需要并根据配送对象的性质、特点、工艺流程而相对固定的配送规律。

2）电子商务物流配送模式分类

中国企业按照组织方式主要有自营配送、第三方配送、共同配送 3 种。

- 自营配送

自营配送模式是当前生产流通或综合性企业（集团）所广泛采用的一种配送模式。企业（集团）通过独立组建配送中心，实现内部各部门、厂、店的物品供应的配送，形成了新型的“大而全”“小而全”，但就目前来看，在满足企业（集团）内部生产材料供应、产品外销、零售店供货和区域外市场拓展等企业自身需求方面发挥了重要作用。当前，较为典型的企业（集团）内自营配送模式，就是连锁企业的配送。大大小小的连锁公司或集团基本上都是通过组建自己的配送中心来完成对内部各场、店的统一采购、统一配送和统一结算。

- 第三方配送

第三方配送是指由物流劳务的供方、需方之外的第三方去完成物流服务的物流运作方式。第三方是指提供物流交易双方的部分或全部物流功能的外部服务提供者，是物流专业化的一种形式。企业不拥有自己的任何物流实体，将商品采购、储存和配送都交由第三方完成。

- 共同配送

共同配送（Common Delivery）也称共享第三方物流服务，指多个客户联合起来共同由一个第三方物流服务公司来提供配送服务。它是在配送中心的统一计划、统一调度下展开的。共同配送是由多个企业联合组织实施的配送活动。共同配送的本质是通过作业活动的规模化降低作业成本，提高物流资源的利用效率。共同配送是指企业采取多种方式，进行横向联合、集约协调、求同存异以及效益共享。

3．电子商务物流配送流程

1）备货

备货是指准备货物的系列活动。它是配送的基础环节，是配送业务成功与否的关键。配送的优势就是可以通过集中不同用户的实际需求来进行一定规模的备货。由于进货批量扩大，因此商品交易价格降低。同时，进货运输装卸成本费用分摊，减少备货费用，取得集中备货的规模优势。

2）储存

储存货物是购货、进货的延续。无论是工商企业配送，还是物流企业配送，一般采取集中储存形式的主要目的是集分散库存于一体，这样既保证了用户绝对或相对实现“零库存”，又可以降低配送企业物资商品的整体库存水平，减少库存商品占压的流动资金及这部分占压资金所支付的利息和费用，降低物资商品滞销压库的风险，从而提高配送服务企业的经济效益。另外，在货物配送的储存环节，也应做好相应的库存管理工作。

3）订单处理

订单处理是指配送企业从接受用户订货或配送要求开始到货物发运交客户为止，整个配送作业过程中的有关订单信息的工作处理。其中包括：接受用户订货或配送要求，审查订货单证，核对库存情况，下达货物分拣、配组、输送指令，填制发货单证，登记账簿，回应或通知用户，办理结算，退货处理等一系列与订单密切相关的工作活动。

4）配送加工

在配送过程中，根据用户要求或配送货物的特点，有时需要在未配货之前对货物进行加工，如钢材剪切、木材截锯等。虽然配送加工这一功能要素不具有普遍性，但往往具有重要作用的功能要素。因为通过配送加工，可大大提高用户的满意程度。

5）分拣配货

分拣是指将需要配送的物品从储位上拣取出来配备齐全，并按配装的送货要求进行分类，送入指定发货地点堆放的作业。配货时指将拣取分类的货物，经过配货检查，装入容器并做好标记，再运到发货准备区，待配装后发货。分拣及配货时配送不同于其他物流特点的功能要素，也是配送成功的一项重要的支持性工作，是完善送货、支持送货的准备性工作，是不同配送企业在送货时进行竞争和提高自身经济效益的必然延伸，是决定整体配送系统水平的关键要素。

6）配装

在单个用户配送数量不能达到车辆的有效载运负荷时，就需要集中不同用户的配送货物进行搭配装载以充分利用运能、运力。通过配装送货可大大提高送货水平，降低送货成本。因此，配装是配送系统中具有现代特点的功能要素，也是现在配送不同于以往送货的重要区别之处。

7）配送运输

配送运输也称输送，它与通常所讲的“干线运输”有很大的区别：配送运输多表现为较短距离、较小规模、频度较高的运输；干线运输多为长距离运输。由于配送用户多，一般城市交通路线又较复杂，因此如何组合成最佳线路，如何根据客户要求的运送方式和运送地点使车辆配装与运输路线进行有效搭配等，是配送运输的特点，也是难度较大的工作。配送运输管理的终点是做好配送车辆的调度计划。

8）送达服务

配好的货物运输到用户还不算配送工作的完结，因为货物送达后还会出现用户认为所送的货物与要求的货物存在差异等情况，这样会使配送工作前功尽弃。因此，要圆满地完成运送货物的移交，并有效地、方便地处理相关手续并完成结算，必须提高配送管理水平，严格执行订单的有关要求。同时，还应讲究卸货地点、卸货方式等送达服务工作。强调配送业务的送达服务也是非常必要的，这也是配送与运输的主要区别之一。

9）车辆回程

在执行配送任务返回时，车辆回程往往是空驶，这是影响配送效益、增加配送成本的主要因素之一。为提高配送效率及效益，配送企业在规划配送线路时，回程路线应当尽量缩短，同时回程车可将包装物、次品运回集中处理，或将用户的产品运回配送中心。作为配送中心的配送货源，也可以在配送服务对象所在地设立一个货物联络点，顺路带回货物，提高车辆利用率。

4．京东物流概述

1）京东物流简介

随着无界零售时代的到来，京东物流作为无界物流的引领者和实践者，以降低社会物流成本为使命，致力于成为全球供应链基础设施服务商。将基于短链供应，打造高效、精准、敏捷的物流服务；通过技术创新，实现全面智能化的物流体系；与合作伙伴、行业、社会协同发展，构建共生物流生态。通过智能化布局的仓配物流网络，京东物流为商家提供仓储、运输、配送、客服、售后的正逆向一体化供应链解决方案、快递、快运、大件、冷链、跨境、客服、售后等全方位的物流产品和服务以及物流云、物流科技、物流数据、云仓等物流科技产品。目前，京东物流是全球唯一拥有中小件、大件、冷链、B2B、跨境和众包（达达）六大物流网络的企业。

2）京东物流订单履行模式

- FBP 模式

FBP 配送模式是一种全托管式的物流配送模式。工作流程如图 5-25 所示。商家与京东商城确定合作后，商家在京东商城上传店铺信息和标价并进行备货，京东商城在消费者产生订单后从仓库进行调货、打印发票，同时进行货物的配送，京东结束交易后与商家进行结算。京东商城根据消费者订单进行货物配送和开具发票，商家查看库存信息及时进行补货。从而在配送过程中减少货物运输的成本，减少物流配送成本。由于商家提前进行备货，京东商城能够第一时间进行货物配送，缩短配送时间，做到京东提出的“211 限时达”服务。

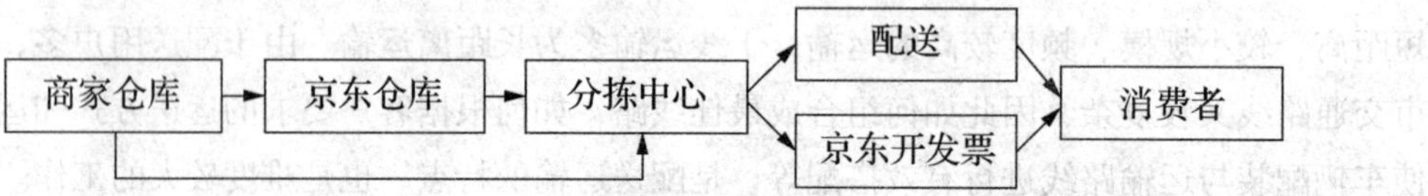

图 5-25　FBP 模式

- LBP 模式

LBP 配送模式是一种无须提前备货的配送模式。工作流程如图 5-26 所示。商家与京东商城确定合作后，商家无须备货，只需在 12 小时内对订单进行包装和发货，36 小时内到达京东配送中心，由京东进行货物的配送和发票的开具。京东商城与商家合作时，只提供配送和客服两项服务，减轻京东库存压力。运用 LBP 模式的优势在于，产生订单后，商家能够第一时间进行配货，发货相对方便。但是货物在配送时需经过京东仓库，所以运输速度有所下降，配送周期有所增加。同时，加大了商家的配送运输成本，降低了京东的配送效率。

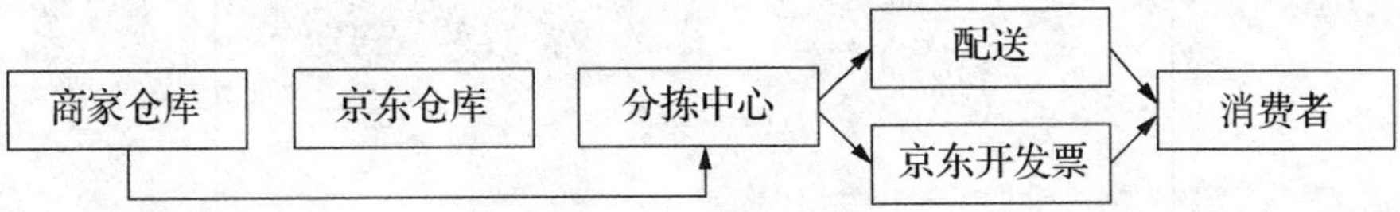

图 5–26　LBP 模式

- SOPL 模式

SOPL 配送模式与 LBP 配送体系相似，在配送过程中无须提前备货，直接从商家库房发货。工作流程如图 5–27 所示。商家与京东商城确定合作后，商家无须备货，只需在 12 小时内对订单进行包装和发货，36 小时内到达京东配送中心，由京东进行货物的配送。与 LBP 模式不同的是，SOPL 模式的发票开具环节是由商家完成的，京东在整个物流过程中只发挥仅有的配送服务，其他的工作都由商家自己完成。SOPL 模式的运用，一定程度上减轻了京东仓储的压力，降低了物流配货过程中的配货成本。与 LBP 模式相同，订单的生成和发货从商家开始，会影响货物的发货速度和运输时间，降低配送效率，导致客户满意度下降。

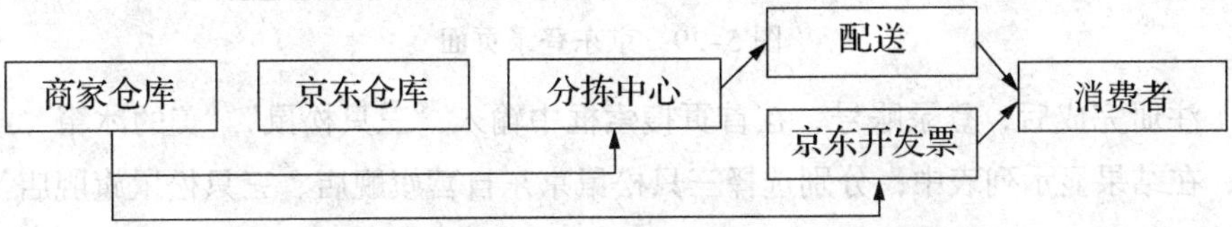

图 5–27　SOPL 模式

- SOP 配送模式

SOP 配送模式是一种直接由商家发货的物流配送模式，京东在物流过程中不起任何作用，工作流程如图 5–28 所示。商家与京东商城合作，京东商城只提供可操作的后台，物流配送的工作以及后期服务全部由商家自己完成。京东商城只要求商家在订单产生 12 小时内进行配货发送。SOP 模式的整个物流配送过程都由商家独自完成，大大减轻了京东商城的物流配送压力，降低了配送支出和运输成本，也减轻了京东的库存压力。SOP 模式的优势在于商家已有成型的团队同时操作京东平台。

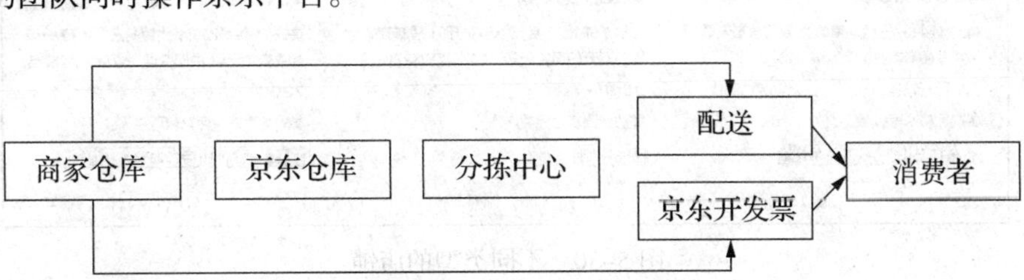

图 5–28　SOP 模式

5.4.3　实训内容和步骤

（1）打开京东网页，完成用户注册，若之前注册过，直接登录即可，如图 5–29 所示。

图 5-29　京东登录页面

（2）注册完成后，登录账号，在首页搜索框中输入“三只松鼠”“美的冰箱”或其他产品名称，在结果显示列表中，分别选择三只松鼠京东自营旗舰店、三只松鼠旗舰店等不同类型的店铺，如图 5-30 所示，进入店铺咨询客服，可以选择物流的配送方式。

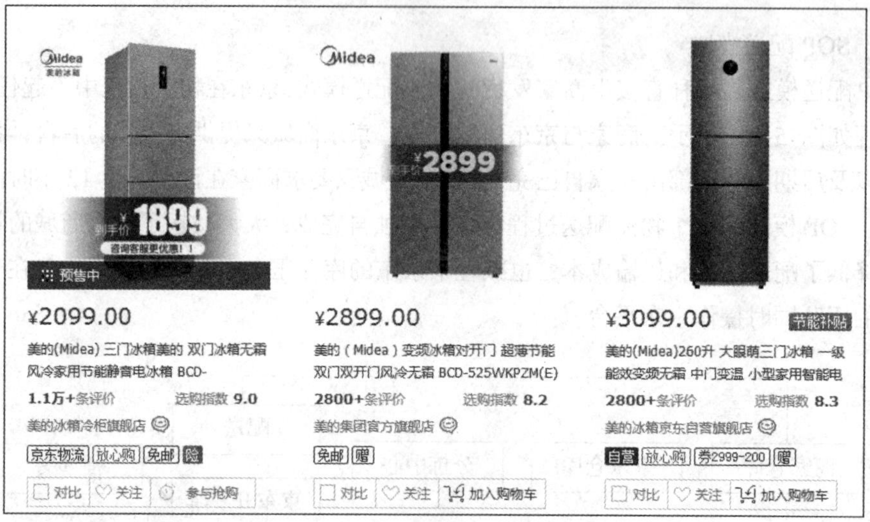

图 5-30　不同类型的店铺

（3）结合客服给出的回复，分别对所选择的几类店铺进行分类，分别属于 FBP、LBP、SOPL、SOP 模式中的哪一种，并给出判断依据填写在表 5-1 中。

表 5-1　店铺的物流模式分类

店铺名称	FBP 模式	LBP 模式	SOPL 模式	SOP 模式
店铺 1				
店铺 2				
……				

（4）选择相同的产品（建议可选择小件、价格低的产品），在不同类型的店铺下单，保证店铺的物流订单的履行流程不相同，可能会使用到自营物流模式配送以及第三方物流模式配送；保证在同一时间下单的前提下，及时关注店铺订单的处理状态，跟踪物流信息的更新变化，如图 5-31 所示。

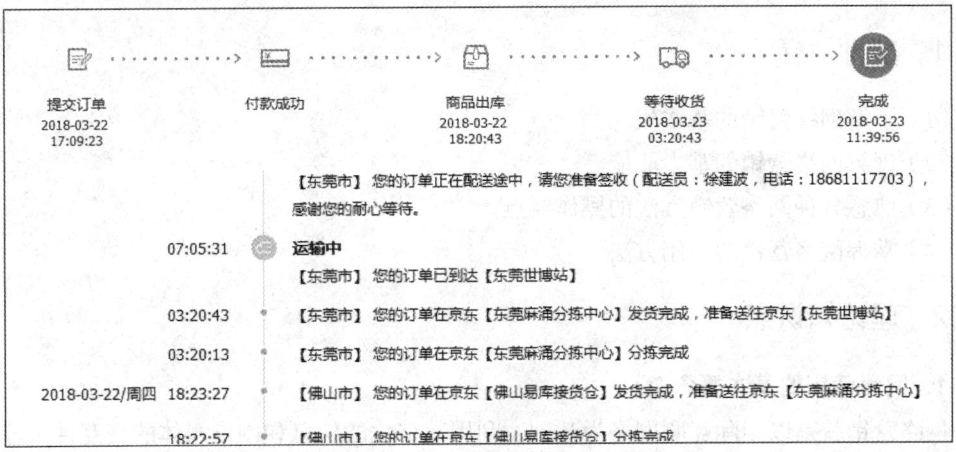

图 5-31　物流信息跟踪

（5）分别对不同类型店铺（即不同物流配送模式）的响应速度、订单处理时间、运输时间、运输历经网点、配送时间、配送站点、收货时间、服务态度等方面进行比较，并填写表 5-2。

表 5-2　不同物流配送模式的对比

物流信息跟踪	物流配送模式 1	物流配送模式 2
响应速度		
订单处理时间		
出库时间		
运输时间		
历经网点（分拣中心）		
配送时间		
配送站点		
收货时间		
服务态度		

（6）根据上一步对两种物流配送模式的对比分析，总结不同物流配送模式在订单履行过程中产生差异的原因。

思考：

（1）尝试通过在京东商城所下订单的物流信息跟踪，利用京东物流官网网点信息查询，用图示的形式描绘所购买商品的订单履行物流配送路线。

（2）对京东物流平台与德邦物流，从提供服务或产品、覆盖范围、物流费用、送达时间等方面进行比较，试制定出在不同情形下，两者之间的一个物流选择方案。

5.5 网络营销方法与实践技术实训

5.5.1 实训目标

（1）了解网络营销的基本概念。

（2）理解网络营销的基本职能。

（3）熟悉各种网络营销方法的操作要点。

（4）掌握网络营销的常用方法。

5.5.2 理论知识点

1. 网络营销的基本概念

网络营销就是以国际互联网络为基础，利用数字化的信息和网络媒体的交互性来辅助营销目标实现的一种新型的市场营销方式。即网络营销就是以互联网为主要手段进行的，为达到一定营销目的的营销活动。

2. 网络营销的基本职能

（1）网络品牌。网络品牌建设是以企业网站建设为基础，通过一系列的推广措施，达到顾客和公众对企业的认可。

（2）网址推广。网址推广是网络营销的核心工作，因为网站所有功能的发挥都要一定的访问量为基础。

（3）信息发布。网站是一种信息载体，通过网站发布信息是网络营销的主要方法之一，也是网络营销的基本职能。

（4）销售促进。大部分网络营销方法都与直接或间接促进销售有关，但促进销售并不限于促进网上销售，事实上，网络营销在很多情况下对于促进网下销售十分有价值。

（5）销售渠道。销售渠道是指某种货物或劳务从生产者向消费者移动时，取得这种货物或劳务所有权或帮助转移其所有权的所有企业或个人。简单地说，销售渠道就是商品和服务从生产者向消费者转移的过程。网上销售渠道建设不限于网站本身，还包括建立在综合电子商务平台上的网上商店，以及与其他电子商务网站不同形式的合作等。

（6）顾客服务。顾客服务是为了满足供应链最终顾客的需求，满足渠道中各成员所有的订单条款、所有的运输、所有的货物、所有的托运顾客服务、所有的产品维修控制等各项活动的需求，同时获得来自下游企业的必要的信息。

（7）顾客关系。顾客关系是指企业为达到其经营目标，主动与顾客建立起某种联系。这种联系可能是单纯的交易关系，也可能是通信联系，也可能是为顾客提供一种特殊的接触机会，还可能是为双方利益而形成某种买卖合同或联盟关系。顾客关系具有多样性、差异性、持续性、竞争性、双赢性的特征。它不仅可以为交易提供方便，节约交易成本，也可以为企业深入理解顾客的需求和交流双方信息提供机会。

（8）网上调研。所谓网络调研是指利用 Internet 技术进行调研的一种方法，是指在互联网上针对特定营销环境进行搜集、整理和分析信息，达到了解顾客需要、市场机会、竞争对手、行业潮流、分销渠道以及战略合作伙伴的目的。通过在线调查表或者电子邮件等方式，可以完成网上市场调研，相对传统市场调研，网上调研具有高效率、低成本的特点。因此，网上调研成为网络营销的主要职能之一。

5.5.3　网络营销方法

网络营销常见的有搜索引擎营销、即时通信营销、网络病毒营销、BBS 营销、网络博客营销、聊天群组营销、网络知识性营销、网络事件营销、网络口碑营销、网络视频营销、网络图片营销、网络软文营销、RSS 营销、SNS 营销等常见的方法。

1）微博营销

微博营销，顾名思义，就是利用微博进行营销，属于网络营销的一种，可以很快地进行传播，受众面广，是一种比较快的营销模式。

网络微博推广综合了网络广告的优势，加上自身独特的特点，可为企业广告主提供更好的表达产品和其他服务信息的方式。网络微博推广是一只精准的利箭，让你迅速找到目标客户，通过互动式交流，深入了解目标客户和消费欲望。

2）SNS 营销

SNS 营销即社会性网络服务。譬如中国人人网、开心网等都是 SNS 型网站，这些网站旨在帮助人们建立社会性网络的互联网应用服务。SNS 营销，是随着网络社会化而兴起的营销方式，SNS 社区在中国快速发展的时间并不长，但是 SNS 已经成为备受广大用户欢迎的一种网络交际模式。SNS 营销就是利用 SNS 网站的分享和共享功能，在六维理论的基础上实现的一种营销方法。通过人脉网的传播，让企业的信息、服务、产品让更多的人知道。

3）RSS 营销

RSS 营销又称网络电子杂志营销，是利用 RSS 这种互联网营销工具传递信息的网络营销模式。RSS 营销的特点决定了它比其他邮件列表营销具有更多的优势，是对邮件列表的替代和补充。行业内人士使用 RSS 居多，如研发人员、财经人员、企业管理人员，他们会在一些专业性很强的科技型、财经型、管理型等专业的网站上，用邮件形式订阅他们的杂志和日志信息，达到了解行业新的信息需求。

4）网络软文营销

网络软文营销又称网络新闻营销，通过网络上的门户网站、地方或行业网站等平台传播一些具有阐述性、新闻性和宣传性的文章。包括一些网络新闻投稿、深度报道、案例分析等，把企业人物、品牌、产品、服务、活动项目等相关信息以新闻报道的方式，及时、全面、有效、经济地向社会公众传播的新的营销手段。

5）搜索引擎营销

搜索引擎营销是目前最主要的网站营销推广手段之一，因为是免费的，所以尤其受到中心网站的重视，因此搜索引擎营销方法也成为网络营销的主要组成部分。

搜索引擎营销主要方法包括竞价排名、分类目录登录、付费搜索引擎广告、关键词广告，搜索引擎优化、地址栏搜索、网址链接策略等。

6）即时通信营销

即时通信营销又称IM营销，是企业通过即时工具IM帮助企业推广产品和品牌的一种手段，常用的主要有两种情况：第一种网络在线交流，中小企业建立的网店或者网站一般会有即时通信在线服务，这样潜在的客户如果对产品或者服务有兴趣自然会主动和在线的商家联系。第二种是广告，中小企业可以通过IM营销通信工具，发布一些产品信息、促销信息，或者通过图片发布一些喜闻乐见的表情，同时加上企业宣传的标志。

7）病毒式营销

病毒营销是一种常用的网络营销方法，常用于进行网站推广、品牌推广等。病毒式营销利用的是用户口碑传播的原理。在互联网上，这种口碑传播更为方便，可以像病毒一样迅速蔓延，因此病毒营销成为一种高效的信息传播方式。而且，由于这种传播方式是用户自发进行的，因此是几乎不需要费用的网络营销手段。

病毒营销的巨大威力就像一颗小小的石子投入平静的湖面，一瞬间似乎激起了小小的波纹，转眼湖面又恢复了宁静，但是稍候一下，又会看到波纹在进行不断地延伸，短短几分钟，整个湖面都起了震荡，这就是病毒营销的魅力。

8）BBS营销

BBS营销又称论坛营销，就是利用论坛这种网络交流平台，通过文字、图片、视频等方式传播企业品牌、产品和服务的信息，从而让目标客户更深入地了解企业提供的产品和服务，最终达到宣传企业产品、服务和品牌的效果，加深市场认知度的网络营销活动。

BBS营销就是利用论坛的人气，通过专业的论坛帖子策划、撰写、发放、检测、汇报流程，在论坛空间进行高效传播，包括各种置顶帖、普通帖、多图贴、视频贴等。

再利用论坛强大的聚众能力，举办各种踩楼、灌水、贴图、视频等活动，调动网友与品牌之间的互动，从而达到企业品牌传播和产品销售的目的。

9）网络图片营销

网络图片营销就是企业把设计好的有创意的图片，在各大论坛、空间、博客和即时聊天等工具上进行传播或通过搜索引擎的自动抓取，最终达到传播企业品牌、产品以及服务的目的营销手段。

10）博客营销

博客营销是通过博客网站或博客论坛接触博客作者和浏览者，利用博客作者个人的知识、兴趣和生活体验等传播商品信息的营销活动。博客营销本质在于通过原创专业化的内容进行知识分享，争夺话语权，建立起个人品牌，树立意见领袖的身份，进而影响消费者的思维和购买行为。

11）聊天群组营销

聊天群组营销是即时通信工具的延伸，具体是利用各种即时聊天软件中的群功能展开的营销。

聊天群组营销是借用即时通信工具，具有成本低，即时效果和互动效果强的特点，广泛被企业采用。它是通过发布一些文字、图片等方式传播企业品牌、产品和服务的信息，从而让目标客户更加深入地了解企业的产品和服务，最终达到宣传企业品牌、产品和服务的效果，加深市场认知度的网络营销活动。

12）网络知识性营销

网络知识性营销是利用百度的知道、百科或企业自建的网络疑问解答板块等平台，通过与用户之间提问与解答的方式来传播企业的品牌、产品和服务的信息。

网络知识性营销主要是因为扩展了用户的知识层面，让用户体验企业和个人的专业技术水平和高品质服务，从而对企业和个人产生信赖和认可，最终达到传播企业品牌、产品和服务的目的。

13）网络口碑营销

网络口碑营销是把传统的口碑营销与网络技术有机结合起来的新营销方式，利用互联网互动和便利的特点在互联网上通过消费者或企业销售人员以文字、图片、视频等口碑信息与目标客户之间进行的互动沟通。两者对企业的品牌、产品、服务等相关信息进行讨论，从而加深对目标客户的影响和印象，最终达到网络营销的目的。

14）网络邮件营销

网络邮件营销是在用户事先许可的情况下，通过电子邮件向目标客户传递信息的一种网络营销手段。网络邮件营销有三个基本因素：用户许可、电子邮件传递信息、信息对用户有价值，三个因素缺一不可。

网络邮件营销是在用户事先许可的前提下，企业运用一定的软件技术和营销技术，以互联网为载体，以发送电子邮件方式实现与现有客户以及潜在客户沟通的目的，实现企业经营战略的一种营销技术。

网络邮件营销打破了传统媒体在发布地域和发布时间上的限制，传播范围极其广泛，广告覆盖面极大，成本极其低廉且方便快捷，反馈率高，营销效果好。网络邮件营销可以按照接收者的具体公司、地理位置和所在国家进行精确定位发送，所以，网络邮件营销已成为企业和个人进行网络传播的新方法和新策略。

15）网络视频营销

网络视频营销指的是企业把视频短片以各种形式放到互联网上，达到宣传企业品牌、产品以及服务的营销目的。网络视频广告的形式类似于电视视频短片，它具有电视视频短片的各种特征。例如，感染力强，内容形式多样，又具有互联网营销的优势；互动性、主动传播性，传播速度快、成本低廉等。可以说网络视频是将电视广告和互联网营销宠爱集于一身。目前网络视频营销也是效率最高的一种互联网营销方法。

第 6 章 电子商务创新创业性实训

6.1 电子商务需求分析

6.1.1 实训目标

（1）能够使用数学或结构方式进行逻辑分析与推理。

（2）能够进行较为详细的商业需求分析，并进行需求开发管理。

6.1.2 实训预备知识

“需求”指的是由项目接受的或项目产生的产品和产品构件需求，包括由组织征集的对项目的需求，这种需求既有技术性的，也有非技术性的。无论是传统商业模式还是现在的电子商务模式，每一项新活动、每个新产品、每个新项目都是为了针对业务的需要而策划的。然而，常常在投入了大量的时间和资源后，却发现自己身陷实际方案与用户所需不对称的矛盾之中。究其原因是未对需求进行有效的分析与设计。电子商务的需求分析与设计中一般包括四个步骤：需求采集、需求分析、需求筛选和需求处理，如图 6-1 所示。

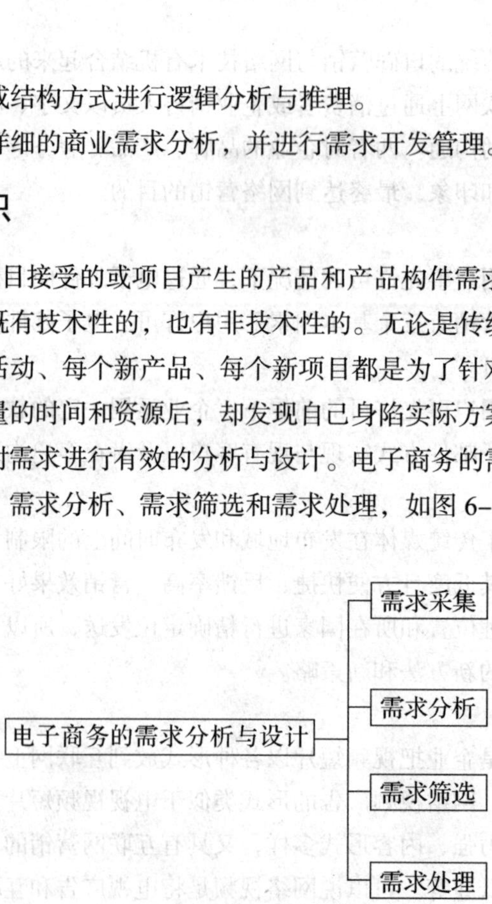

图 6-1　电子商务的需求分析与设计

1. 需求采集

如今的移动互联网时代，用户不在满足于从报纸、电视、广播等传统媒介获取信息，更多地转移到互联网门户网站与手机 APP 端。各行各业也开始抢占移动端入口。电子商务的创业者只有从这种迁移中挖掘用户的新需求。从变化、问题、创新、竞争中寻找商机，才能及时采集到新的、潜在的、未被市场满足的需求，才能有效地抢占商机。一般可以从用户、市场、竞争者、领导者以及测试者等进行有效的需求采集。

2. 需求分析

并非所有的需求都是有效的需求。在需求分析阶段，我们要明确需求的目的性和创造的价值性。通过对需求进行整理，设计与确定分析的指标，如用户量能够提高多少、产品的销量会提高多少、投入的成本是多少等，对需求进行全方位的评测，最终算出需求的性价比。

3. 需求筛选

在需求的筛选阶段，需要结合现状并通过需求评审对需求进行打包筛选，着重解答做不做、做多少、什么时候做的问题。且进一步将打包好的需求点形成需求文档，进一步通过团队和领导的评审与审批后，以进入后续的产品开发阶段。

4. 需求处理

在需求的处理阶段，主要由产品研发人员对已获得审批的需求点进行开发。

6.1.3　实训内容和步骤

（1）立足电子商务的某一行业领域，找出身边该领域内电商消费者的烦恼、麻烦事、不满或抱怨，并记录下来。

（2）根据所记录电商消费者的烦恼、麻烦事、不满或抱怨，讨论解决方案和蕴含着的需求，并完成表 6–1。

表 6–1　某行业电商消费者的抱怨及蕴含的需求分析

××行业的消费者	抱　怨	解决方案	蕴含的需求
消费者 A			
消费者 B			
....			

（3）进一步基于消费者偏好、环境变化、行业竞争等变化要素视角，寻找该行业内潜在的市场需求，以挖掘隐藏的真实市场需求，并完成表 6–2。

表 6–2　某行业蕴含的市场需求分析

分析要素	现象描述	解决方案	蕴含的需求
消费者偏好			
环境变化			
行业竞争			

（4）对蕴含的市场需求进行讨论评审，并形成最终的结果，完成表6–3。

表6-3　某行业蕴含需求的评审结果分析

所蕴含的需求	解决什么问题	满足什么顾客的需求	潜在价值	潜在风险	做OR不做
需求A					
需求B					
....					

思考：

在需求的采集阶段中，倾听用户的声音很重要。但用户的陈述并不等同于用户需求，就需要我们能够识别用户陈述和用户需求之间的区别，并识别真正的需求。请结合需求分析的相关知识，找出表6–4中针对用户陈述的真正需求。

表6-4　用户陈述和用户真实需求间的区别

用户陈述	用户的真实需求
有时灰尘会进入系统，给我带来麻烦	
工作中，我总是一不小就把螺丝刀掉到地上	
我希望能用我的打火机给电池充电	
不知道螺丝刀的电池还有多少电量时，我会很烦	
我的电脑包常在各种恶劣的气候环境中使用，在行李托运时，电脑包也经常被挤压、磨损、划伤，在工作时甚至会被放在湿乎乎的地面上	
我们想要有10 m长的听筒线的电话机，可以方便在房间的任何地方打电话	

6.2　电子商务产品设计实训

6.2.1　实训目标

（1）了解互联网时代产品的特征与概念等基础知识，并提出创意的互联网产品概念。

（2）能够可视化地展示产品设想，并撰写产品的需求文档。

6.2.2　实训预备知识

1．互联网产品的概念

电子商务与“互联网+”时代，产品的重要性日益凸显。互联网产品是信息时代发展的产物，是指采用互联网技术，借助互联网平台，提供给用户的互联网应用服务，其概念延伸于传统意义上的“产品”。简单而言，互联网产品是满足互联网用户需求和欲望的无形载体，更是网站功能与服务的集成，如新浪的产品“新闻”、腾讯的产品“QQ”、博客网的产品“博客”、网易的产品“邮件”等。

2．互联网产品的特征

互联网产品涉及信息的流通、人与人的即时交流、做事的高效率化和低成本性等，这些都使得互联网产品与传统产品存在一定区别。例如，互联网产品的更新较快、采取多元盈利方式、多为虚拟产品，以及更针对用户性等。一般而言，互联网产品具有以下特性：

（1）互动性。互联网产品以满足用户需求为根本，互动性也是用户提出的要求。顾客在使用一张椅子、一个沙发时，他们难以给用户反馈，但是用户在搜索相关词条时，网络上的信息会呈现反馈，还会发生相应变化。

（2）即时性。正是因为即时性，互联网产品在很多领域形成了对传统产品的冲击和取代。

（3）迭代性。与传统产品的开发不一样，在互联网产品的开发过程中，用户不断参与其中，在用户使用和反馈的过程中，不断改进，修正错误。如微信最初的版本也只有最基本的功能，通过迭代开发加入了 LBS 功能，如查看附件的人、摇一摇、扫二维码加好友、朋友圈等，最终迅速从同类软件中脱颖而出。

3．互联网产品的分类

从产品所具有的功能和作用出发，互联网产品一般可分为主要产品、盈利产品、辅助产品三类。

（1）主要产品，又称大众产品，是指为满足大众需求而创建的产品。这类产品旨在赢得公信力。例如，新浪的“新闻”、腾讯的“QQ”、网易的“邮件”、百度的“搜索引擎”，这些都是免费为大众服务的，用于增加网站流量，赢得公众信赖。

（2）盈利产品，这部分产品可能只满足少部分用户的需求，也是专为这小部分的用户设计的，但往往蕴含着很大的盈利空间。例如，腾讯的“宠物”、在线小游戏、百度的“竞价排名”、各大视频网站的 VIP 会员专享等付费服务。

（3）辅助产品。这类产品本身的势力相对较弱，也能为网站带来少量流量或收入，主要以辅助以上两种产品为主，但也是不可或缺的。

4．互联网产品的设计流程

互联网产品的设计是基于用户体验思想，伴随互联网产品周期而进行的整套服务体系和功能体系的有序产品设计活动。其设计流程如图 6–2 所示。

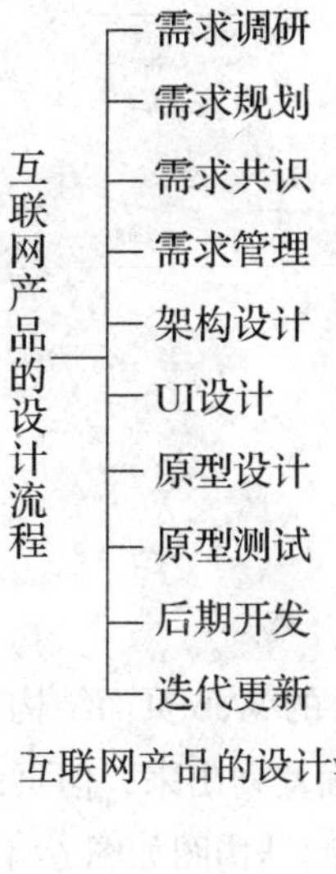

图 6–2　互联网产品的设计流程图

6.2.3 实训内容和步骤

（1）评估获取的关于某产品的用户需求，确定哪些做，哪些不做，并对做的需求进行优先级定义，即哪些先做，哪些后做。完成表 6–5 所示的该产品功能需求总表。

表 6–5 产品的功能需求总表

功能名称	主要描述	优先级	备注
功能 A			
功能 B			
....			

（2）设计产品的信息结构。信息结构图就是产品的数据元素，需要使用思维导图的方式把产品各个数据元素罗列出来，并结构化。值得注意的是，固定在页面里的信息数据一般不需要罗列。以某 B2C 的电商网站为例，其信息结构图如图 6–3 所示。

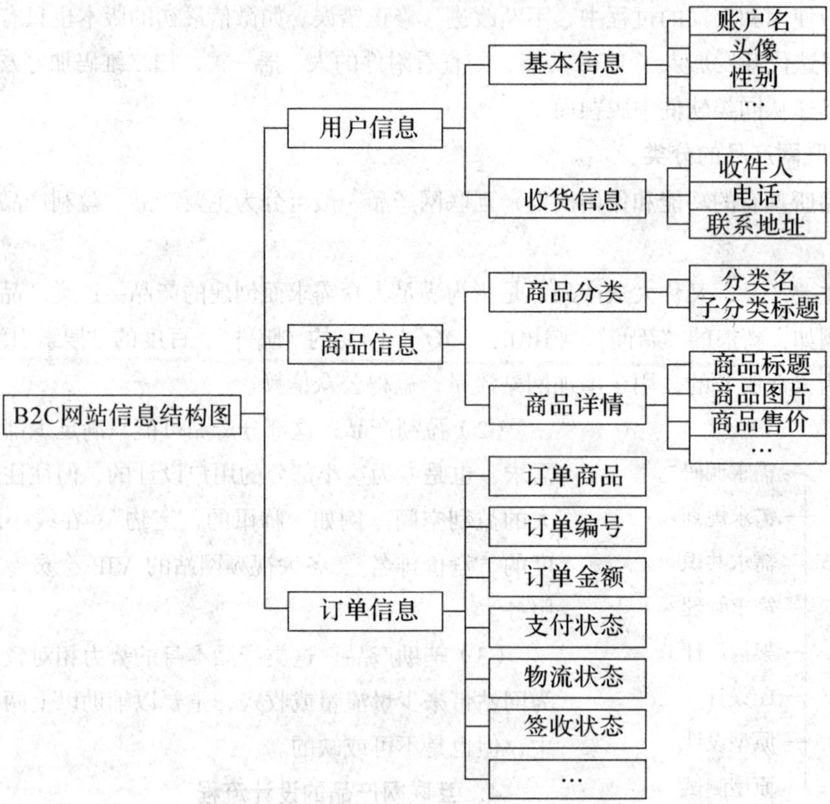

图 6–3 某 B2C 网站的信息结构图

（3）产品的页面结构设计。根据需求分析，梳理产品结构和主要的 Web 页面结构，如页面、页面模块、功能模块等，可用思维导图的方式将产品的各个页面罗列出来，但页面中具体的内容可以不必一一罗列。同样以某 B2C 的电商网站为例，其页面结构图如图 6–4 所示。

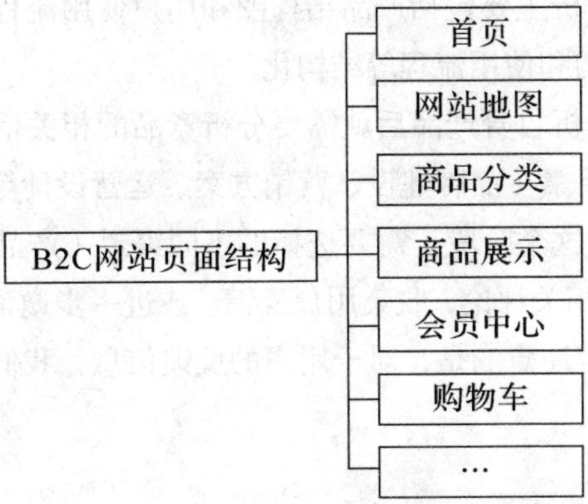

图 6-4　某 B2C 网站的页面结构图

（4）产品的用户流程设计。结合用户体验，将产品的功能流程化，并利用思维导图显示。如针对该网站的会员中心的用户流程图设计如图 6-5 所示。

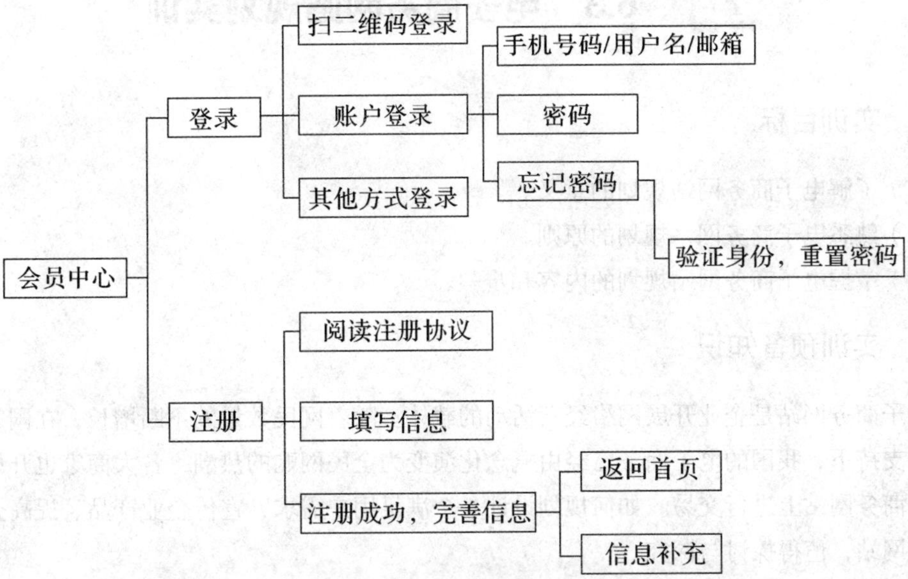

图 6-5　会员中心的用户流程图

（5）撰写产品分析报告。产品分析报告具有以下作用：第一，明确产品路线以及市场占有率；第二，把握产品功能和需求的内在逻辑，梳理用户需求点。产品分析报告一般会涉及以下内容：

① 产品概况。主要用来引导了解这款产品究竟是什么，包括推出这款产品的背景、产品简介以及产品的定位，产品将主要满足哪类人群的核心需求。

② 需求分析。还原用户场景，明确用户需求，并挖掘潜在需求，明晰用户目标，清楚知道用户用产品来做什么。

③ 产品分析。产品分析主要包括产品结构图和用户使用流程图。利用思维导图方式将产品的信息结构、页面结构和使用流程等结构化。

④ 竞品分析。深入分析自身产品后就需要分析竞品的相关信息，了解产品如何和竞品区分开来，应该借鉴哪些元素（品牌建设、营销方案、运营设计等），又应该改正哪些缺点。

⑤ 用户体验分析。在这个阶段，需要选择的不同渠道（产品论坛、应用商店、行业网站、微信、微博等），查看相关评论，收集用户反馈。或进一步邀请用户体验，收集他们对产品的相关意见和建议。值得注意的是，对于用户的反馈信息，我们可以进行提炼，选择有代表和典型性的信息。

思考：

任选某一产品，基于产品的功能需求分析，完成产品的信息结构图和用户使用流程图分析，并形成一份较完整的产品分析报告。

6.3 电子商务网站规划实训

6.3.1 实训目标

（1）了解电子商务网站规划的意义。

（2）熟悉电子商务网站规划的原则。

（3）掌握电子商务网站规划的内容和步骤。

6.3.2 实训预备知识

电子商务网站是企业开展网络经营活动的载体。随着网民数量的不断增长，在国家政策的大力支持下，我国的电子商务已经由概念化演变为全民网购的热潮，各大商家也开始选择在电子商务网站上进行交易。如何规划设计一个满足用户需求、宣传企业产品、提高企业知名度的网站，值得探讨与深究。

1. 电子商务网站规划的意义

网站是企业信息系统的一个重要环节，电子商务网站是企业进行商务活动的平台，也是经营目标实现的一种战略工具。对于企业而言，其网站合理有效规划的重要性主要体现在如下几方面：

（1）电子商务发展的战略需要。企业的电子商务网站是在虚拟的网络空间内依托网络平台和信息化技术手段，来体现企业的真实经营活动，关系着企业商业经营的效益和利润，需要根据企业的现实条件与特点从战略角度进行策划与装备。

（2）促进企业基础管理的信息化。企业电子商务的构建与运作是企业对内部业务流程的整合，也是对内外部信息资源的有效集成，是一项复杂的系统工程。而这项工程的建立与运作必须与企业基础管理信息化和经营现代化建设协调进行。

2．电子商务网站规划的原则

企业电子商务网站是提高知名度、宣传产品与服务、开拓市场的重要途径。在做出切实可行的规划之前，有必要做到如下几点：

（1）明确规划目标。在构建电子商务的相关事宜时，我们要清楚地知道它的定位和未来目标。电子商务网站的规划是一项复杂的系统工程，在此期间，需要立足企业的实际情况，实事求是。值得注意的是，在规划的过程中，也需要留有一个变化的空间以应对和适应企业的发展变化。

（2）制订合理的计划与恰当的指标。尽管在规划中无须安排具体的细节，但需要有开始的时间进度表和具体的技术指标，以便对整个系统开发进程进行监控。另外，计划和指标的制定需要符合实际，具有可操作性和灵活性。

3．电子商务网站规划前的需求分析

电子商务网站在建立前首先应该了解和分析需求，尤其是企业自身和市场的需求。就企业自身而言，它在网络中的平台一般会涉及两大主题元素。其一是对外宣传的平台，以企业形象宣传、企业定位和咨询为内容，实现企业文化和新闻等信息的管理和发布；其二是在线交易的平台，以企业产品销售和服务提供为内容，实现经济效益的提升。所以，企业的电子商务网站通常需要将这两大平台进行完美结合，既可提升企业的品牌理念又创造经济效益。对于企业电子商务网站建立的市场需求，则需要综合考虑网络购物的优势、网络购物的市场整体情况与预测，以及竞争对手和同类网站的相关优劣势比较分析。

6.3.3　实训内容和步骤

1．网站的基本规划

基本规划主要包括如下内容：

（1）明确建立网站的目标和客户需求。在建立网站的整个过程中需牢记以消费者为中心。同时需明确网站是面向企业客户还是个人消费者客户，是属于宣传型（宣传企业形象和产品）、经营型（销售自己的产品）或是综合型（经营商品同时提供多种网络服务）。另外，需区分网站的长短期目标。

（2）明确网站的主题和版式。了解网站的总体设计方案后，我们需定位网站的主题，主题要新颖，而且和网站本身所从事的业务相关，并确定整体风格和特色。进一步规划组织结构和基本布局，通过文字图形图片及音视频的巧妙组合，增强吸引力，达到网站的最大效应。

2．网站的风格设计

网站的整体风格即网站整体形象给客户的综合感受，应根据企业的要求与具体情况找出特色。一般包括如下几点内容：

（1）设计网站标志。任何一个电子商务网站都有自己独有的标志，该标志是企业的象征，可以出现在网站的每一个页面上，如头部、尾部或背景上。

（2）设计网站标志色彩。标志色彩蕴含了网站形象与网站内涵的延伸。网站的色调不宜太多，应尽量与标志色彩协调。

（3）设计网站标语。标语是网站精神和目标的表达。网站的标语不宜太长或太复杂，可以用一句话或一个词来概括，放置在首页动画、旗帜广告等比较醒目的版块。

3. 网站的内容模块设计

企业要通过电子商务网站展示自己的形象、开展商务活动等，那么内容设计起到关键性的作用。一般可以把电子商务网站划分为不同的功能模块，如表 6-6 所示。

表 6-6　电子商务网站常见功能模块

模块名称	功能说明
产品或服务展示	灵活地向用户展示产品或服务的说明、图片或多媒体信息，促进客户的深入了解
信息发布	网站是一个信息载体，更是一个强有力的宣传工具，可以发布产品信息、企业信息、促销信息以及人员招聘等各类对企业有利的信息，但需注意信息的真实与合法有效性
顾客服务	网站也是维持顾客关系的便捷工具，可以设置 FAQ、在线咨询、详细的联系方式等各种在线服务和帮助的信息
网上调查	网站也是获得原始市场资料的快捷调查工具，可以设置在线调查表、在线评价等获得有效的用户反馈信息
在线支付	与银联和第三方支付平台合作，提供各类用户的在线电子支付系统，使客户的产品或服务购买方便化

电子商务的具体网站内容模块设计，应结合网站的目标、主题以及公司的战略规划等因素，进行全面的协调。

4. 网站的营销推广策略分析

企业建立网站的一个主要目标是开展网络营销，拓宽产品市场。但其前提是如何提高网站自身的知名度，实现网站自身的有效推广，对此需要明确企业营销的具体业务和内容，深度挖掘网站营销的创意。通常网站的推广有以下几种形式：

（1）搜索引擎推广，可以在百度、谷歌等搜索网站上购买关键词。

（2）网络实名和通用网址设计。

（3）友情链接。与其他网站互换链接，一般选择与同类互补型的网站相互合作，成为友情链接的盟友，提升网站的访问量和可信度。

（4）其他营销手段的综合使用，如 E-mail 邮件推广、微信软文营销、微博推广等。

5. 网站的基本投入分析

在建设过程中，电子商务网站需要投入大量的人力、财力和物力，这些投入都属于电子商务网站的成本构成，对于网站的建设以及后期发展均有比较重要的指导作用。电子商务网站的成本通常可分为开发成本与运行管理成本两部分，如图 6-6 所示。

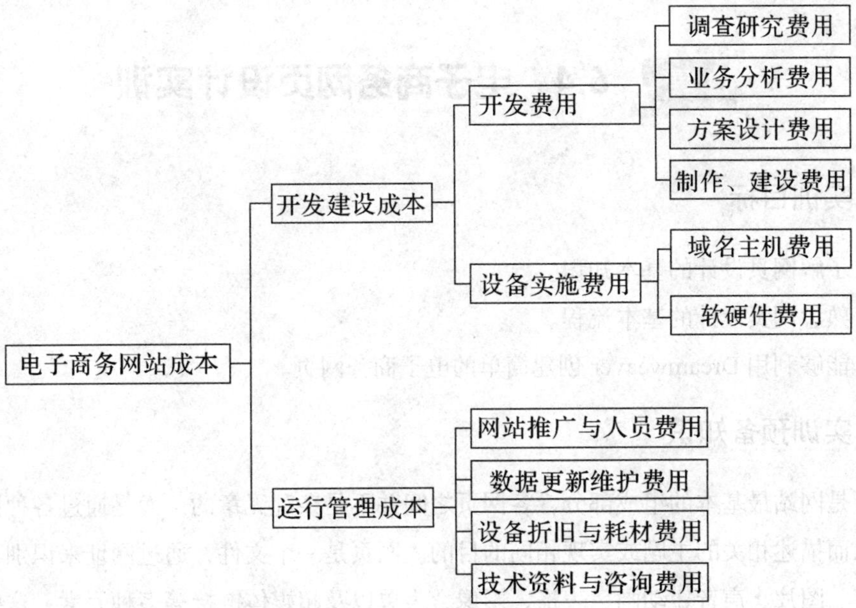

图 6-6　电子商务网站的成本构成图

6．网站的风险分析

电子商务网站的建设是一项系统性的工程，尤其是后期的运营管理等，这些都存在一定的风险。这些风险主要可归于四类：

（1）技术风险。随着网站设计技术的不断发展成熟，建立一个商务型网站的技术门槛在逐渐降低。但仍有可能出现与预期的目标不一致，如果采用外包形式，更容易出现网站后期运营维护的困难。

（2）市场风险。随着市场价格的波动及行业竞争的加剧，各同类网站也有采用一定的策略打击竞争对手。由此，网站自身需要不断创新，加快推广策略，提升知名度。

（3）管理风险。随着网站规模的增大、商业模式的复杂化以及加盟商家的增多等因素的影响，网站的组织结构、运营管理上需要做出及时有效的调整以适应内外环境的变化。

（4）财务风险。网站在发展初期，尤其是开发建设时，需要充足的资金进行策划、构建、推广。

思考：

王蕾是某数码产品销售企业的董事长。他们公司主要销售手机、计算机、照相机、家用电器和网络服务器材等电子产品，在全国 16 个一、二线城市都设有产品销售点。随着电子商务的发展，越来越多的数码产品销售企业都加入线上交易的模式，并取得了较厚的回报。此时，王董也想构建自己的电子商务网站，实现网上销售。

请为王董的电子商务网站进行规划，并结合电子商务网站规划的 6 个步骤，制作一份较完整的网站规划计划书。

6.4 电子商务网页设计实训

6.4.1 实训目标

（1）了解网页设计的基本知识。

（2）熟悉网页设计的基本流程。

（3）能够利用 Dreamweaver 创建简单的电子商务网页。

6.4.2 实训预备知识

网页是网站最基本的组成部分，各网页之间并不是杂乱无章的，而是通过各种链接相互关联，从而描述相关的主题或实现相同的目的。网页是一个文件，通过网址来识别与存取，包含文字、图片、声音、动画、表格、影像、表单以及超媒体链接等多种元素，这些元素的有机组合就构成了丰富多彩的网页。

1. 网页的分类

在 Web 页面中一般会涉及两种类型的网页，即静态网页和动态网页。

静态网页的扩展名一般为.htm 或.html，该网页文件中没有程序代码。一经制成，内容就不会发生变化。如果要对内容进行修改，必须修改源代码并重新上传到服务器。

动态网页是该网页文件中不仅含有 Html 标记，还含有程序代码，如 ASP、JSP 文件等。动态网页会根据用户的即时操作和请求显示不同的内容，还会根据不同的时间和访问者的不同，内容上也发生相应的变化。例如，各类表单、博客、留言板等就是通过动态网页实现的。

除了内容上的动态显示外，这两类网页的工作原理也是不同的。对于静态网页，当在浏览器中输入一个网址后，就向服务器发送端发送了一个浏览网页的请求。服务器端接收请求后就会找到所要浏览的静态网页，然后返回浏览器上显示出来。对于动态网页，服务器端会根据接收到的请求找到特定的动态网页文件，然后执行网页文件中的程序代码，把结果转换为静态网页，再返回浏览器上显示出来。

2. 网页的内容组成和版式

根据需求的不同，网页会在内容构成上有一定的差异，但网页一般都会涉及如下内容元素：①导航栏，它相当于网站的菜单，是网站各频道入口的集合区域。②栏目，网页中存放相同性质内容的区域，可以帮助用户快速获取所需的信息。③主体内容，每一个网站都有自己的主体部分，不同类型的网站其主体内容可能不一样。例如，对于产品销售型的网站，其主体内容就是产品的展示；对于个人博客型的网站而言，其主体内容就是文章介绍。

对于网页而言，其常用到的版面布局形式有：①“T”字形布局。页面顶端为横条网站标志和广告条，下方左面为主菜单，右面显示内容的布局。②“口”字形布局。页面上下各有一个广告条，左面是主菜单，右面放友情链接等，中间是主要内容。③对称对比布局。采用左右或者上下对称的布局，一半深色一半浅色，多用于设计型的网站。④POP 布局，页面的整体布局如同宣传海报，以精美的图片作为页面设计的中心，多用于时尚类网站。

3．网页设计的基本流程

在网页设计中，重要的不是软件的运用，而是通过对网页设计的理解提取出精华的部分，并通过技术体现出来，最终达到客户需求的效果。网页设计一般需做到主题清楚明了、形式与内容的统一、风格的统一性、栏目设计的合理性、导航清晰易懂性以及内容的定期更新。在整个的设计过程中，可以遵循图 6-7 所示的流程。

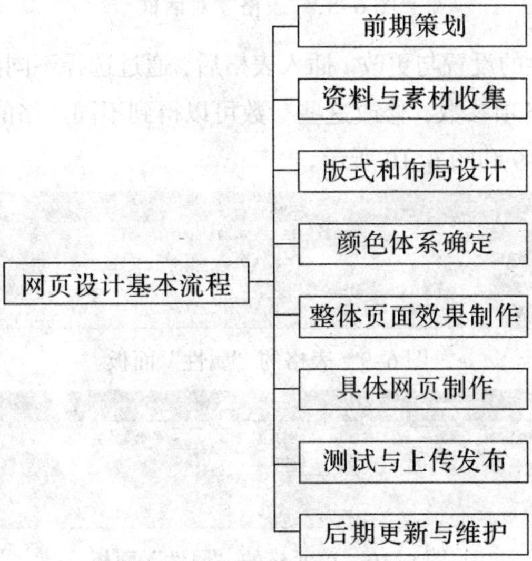

图 6-7　网页设计的基本流程图

4．Dreamweaver 的基本操作

1）表格的插入

使用表格将信息通过网格格式显示，如时间表格、产品信息、费率等。通过表格可以设置对齐方式和字体来控制每一个单元格中的文本外观，可以控制行与列在表格中的间距，还可以为边框和底纹设置颜色。通过表格还可以在网页上同时布置文本和图形。在 Dreamweaver 中，创建表格的具体步骤如下：

（1）在文档窗口中，将插入点放到合适的位置。

（2）通过以下几种方法弹出“表格”对话框，如图 6-8 所示。

① 选择“插入”→“表格”命令。

② 按 Ctrl+Alt+T 组合键。

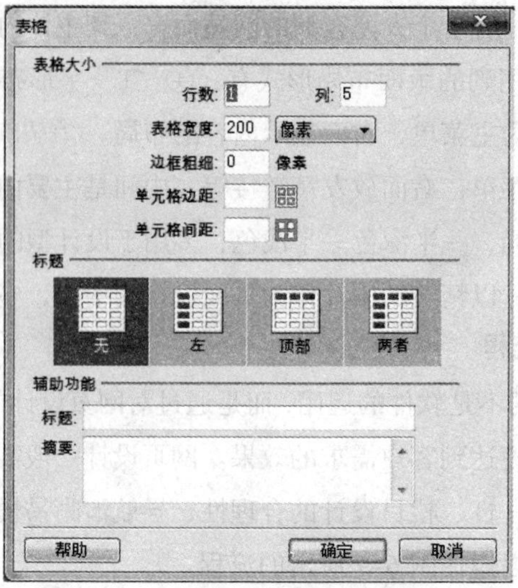

图 6-8 “表格”对话框

（3）表格各元素属性的设置与更改。插入表格后，通过选择不同的表格对象，可以在“属性”面板中看到它们的各项参数，修改这些参数可以得到不同风格的表格。表格和单元格的“属性”面板分别如图 6-9 和图 6-10 所示。

图 6-9 表格的“属性”面板

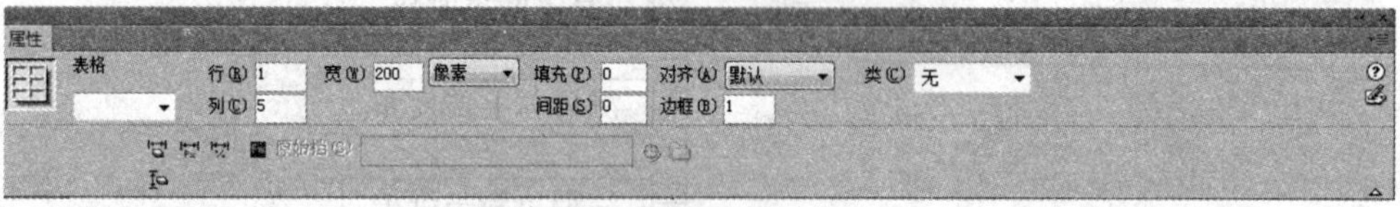

图 6-10 单元格的“属性”面板

合并所选单元格：单击按钮，可将选定的多个单元格、选定的行或列的单元格合并成一个单元格。

拆分单元格为行或列：单击按钮，可将选定的一个单元格拆分成多个单元格。一次只能对一个单元格进行拆分，若选择多个单元格，此按钮禁用。

2）图片的插入

在 Dreamweaver 中插入的图像必须位于当前站点文件夹内或远程站点文件夹内，否则图像不能正常显示。在建立站点前，有必要先创建一个“image”的文件夹，来存放网站设计中的图片。

（1）在文档窗口中，将插入点放置在要插入图像的位置。

（2）通过以下几种方法启用“图像”命令，弹出“选择图像源文件”对话框，如图 6-11 所示。

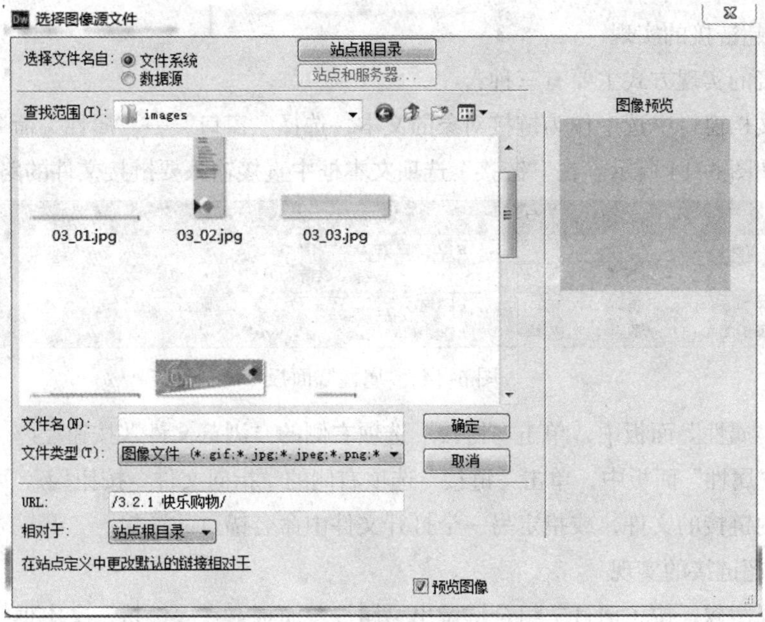

图 6–11　“选择图像源文件”对话框

① 选择“插入”→“图像”命令。

② 按 Ctrl+Alt+I 组合键。

（3）选择图像文件，单击“确定”按钮完成设置。

（4）设置图像属性。插入图像后，可以在“属性”面板中对图像进行相应设置和更改。图像“属性”面板如图 6–12 所示。

图 6–12　图像的“属性”面板

（5）给图片添加文字说明。当图像在浏览器中不能正常显示时，网页中图像的位置就会变成空白区域。为了让浏览者在图像未能正常显示的情况下也能了解图像的信息，可以为图像设置“替换”属性，将图像的说明文字插入“替换”文本框中，如图 6–13 所示。当图片未能正常显示时，就会出现图片的相关文字说明。

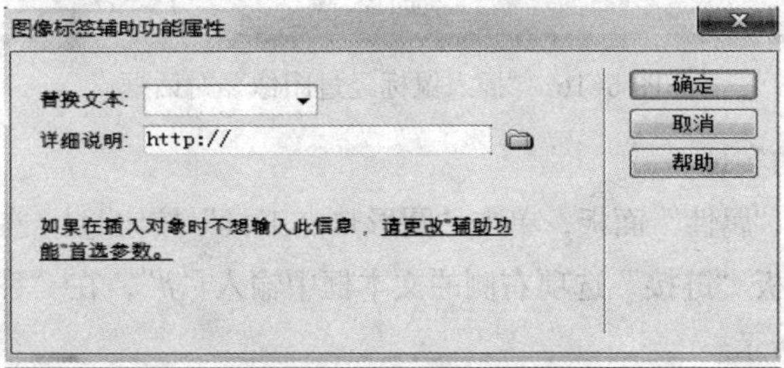

图 6–13　给图片添加文字说明

3）文本超链接的实现

文本链接的实现方式主要有三种：

（1）在文档窗口中选中作为链接对象的文本，选择“窗口”→“属性”命令，弹出“属性”面板，如图 6–14 所示。在“链接”选项文本框中直接输入要链接文件的路径和文件名。

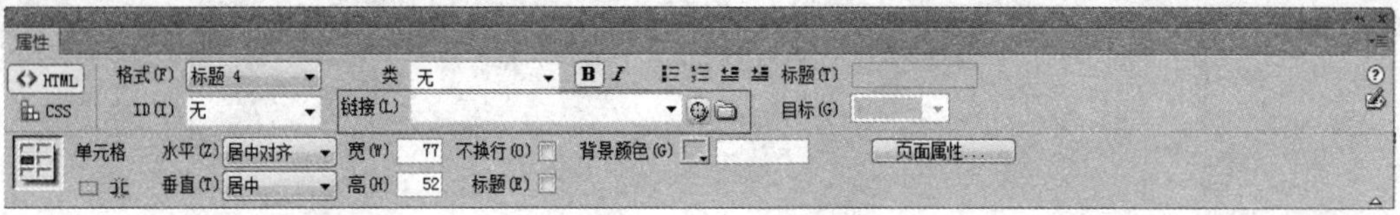

图 6–14 “属性”面板

（2）在“属性”面板中，单击“链接”选项右侧的“浏览文件”按钮。

（3）在“属性”面板中，单击“链接”选项右侧的“指向文件”按钮，可以快捷地指定站点窗口内链接的文件，或指定另一个打开文件中命名锚点的链接。

4）图像超链接的实现

（1）选择图像，按 Ctrl+F3 组合键调出“属性”面板，在“链接”文本框中输入链接的网址或文件夹，在“目标”下拉列表中选择“_blank”，如图 6–15 所示。

图 6–15 图像超链接

（2）选中图像，选择“插入”→“图像对象”→“鼠标经过图像”命令，弹出“插入鼠标经过图像”对话框，进行设置，如图 6–16 所示。

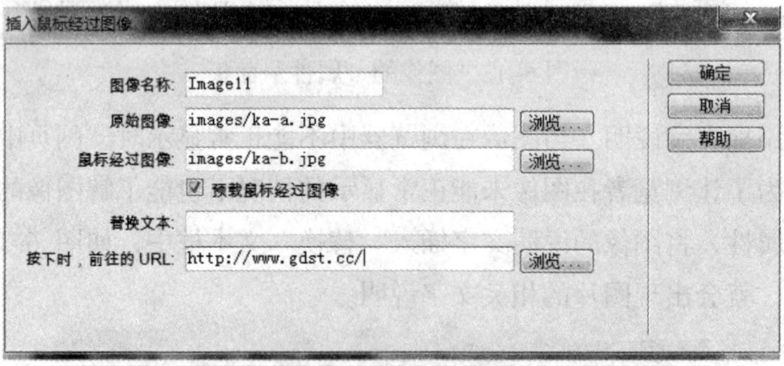

图 6–16 “插入鼠标经过图像”对话框

5）热点超链接的实现

选中图像，打开“属性”面板，单击“圆形热点工具”按钮，在图形适当的地方绘制热点，在“属性”面板“链接”选项右侧的文本框中输入“#”，在“替换”下拉列表中选择“泡泉”，如图 6–17 所示。

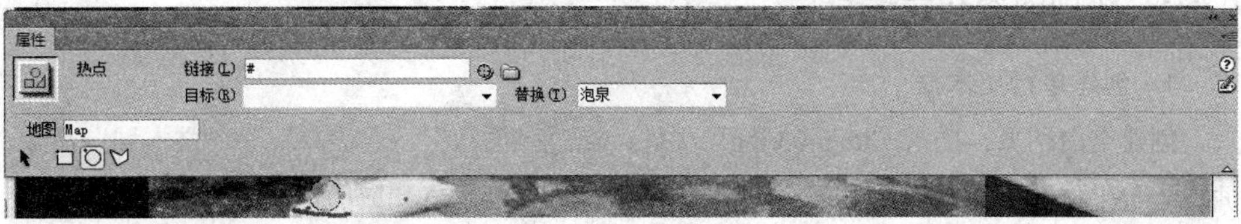

图 6-17　热点超链接

用同样的方法，利用 “矩形热点工具” 按钮以及 “多边热点工具” 按钮在图形适当的地方设置其他热点。

6）命名锚点超链接的实现

若网页的内容较长，浏览者往往需拖动滚动条进行查看，非常不方便。这时可通过锚点链接功能，快速定位到网页的不同位置。

（1）创建锚点。

① 将光标移动到某一主题内容处。

② 单击文档窗口左上方的 “拆分” 按钮，在 “拆分” 视图中的光标闪烁位置输入 “<a name="MD1"></a>”。

③ 单击文档窗口左上方的 “设计” 按钮，在 “设计” 视图中光标闪烁的位置可看到插入了一个锚点。

④ 根据需要重复以上步骤①～③，在不同的主题内容处建立不同的锚点标点，如图 6-18 所示。

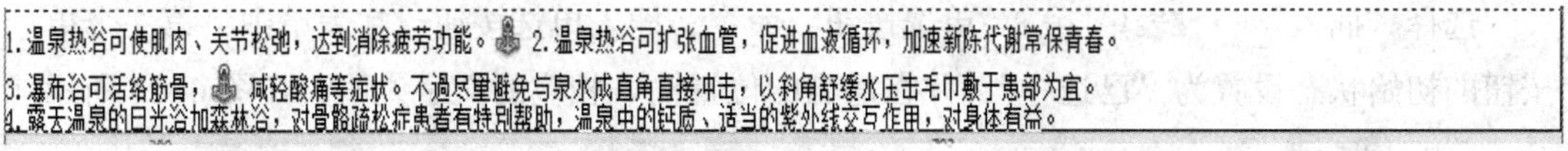

图 6-18　锚点的创建

（2）建立锚点链接。

① 在网页开始处，选择链接对象，如主题文章、关键词等。

② 在 “属性” 面板的 “链接” 文本框中直接输入 “#锚点名”，如 “#MD1” “#MD2” 等。或在 “属性” 面板中，用鼠标拖动 “链接” 选项右侧的 “指向文件” 按钮，指向对应的锚点。

③ 根据需要重复以上步骤①和②，在网页开始处为不同的主题建立相应的锚点超链接，如图 6-19 所示。

图 6-19　锚点超链接

6.4.3 实训内容和步骤

1. 创建单行文本框

创建空白网页，插入“img_03.jpg”文件，通过“插入”→“表单”→“文本域”命令，插入 3 个单行文本框，字符宽度分别为 10、15 和 20，并输入相应的说明文字：“姓名：”“电话：”“邮箱：”，如图 6–20 所示。

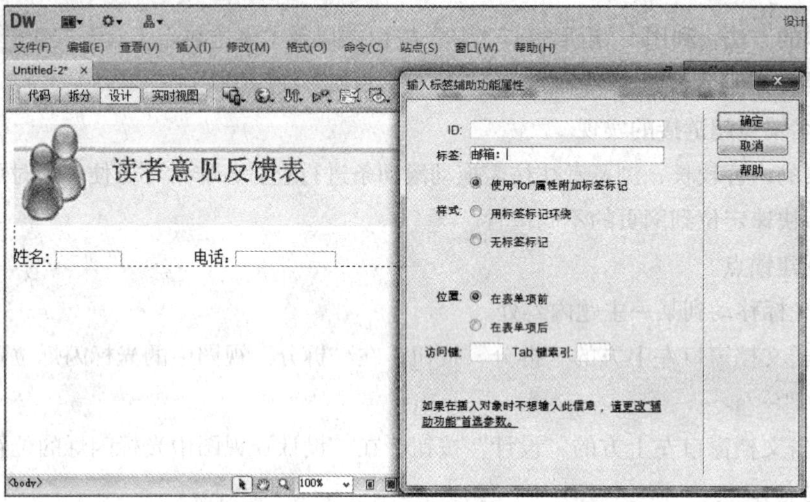

图 6–20　单行文本框的插入

2. 创建单选按钮

选择“插入”→“表单”→“单选按钮”命令，插入单选按钮，在表单中将第一个单选按钮的初始状态设置为“已选中”，并在适当的位置输入相应的文字说明，如图 6–21 所示。

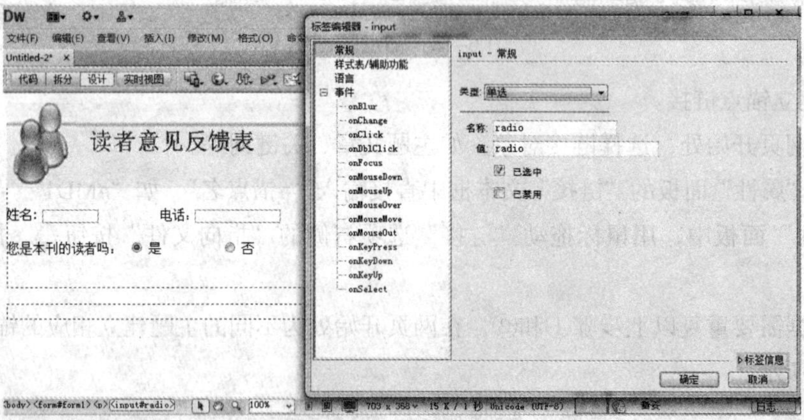

图 6–21　创建单选按钮

3. 创建下拉式列表

选择“插入”→“表单”→“选择（列表/菜单）(S)”命令，插入下拉列表，通过列表值添加下拉式列表的选项，分别为 1 个月、2~3 个月、3~4 个月、4~6 个月、6 个月以上，设置其中的“6 个月以上”的初始状态为“选定”，并在适当的位置输入提示文字，如图 6–22 所示。

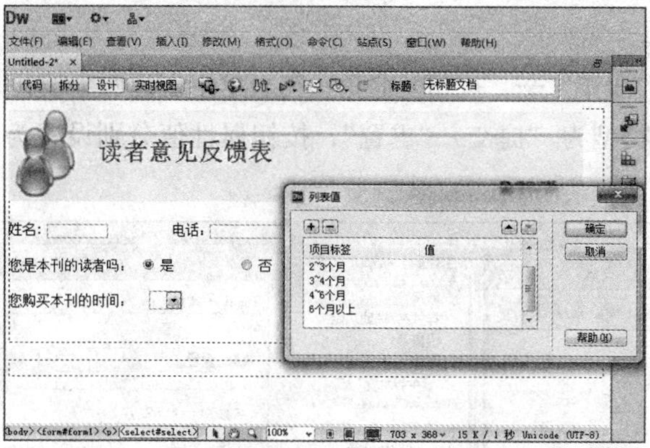

图 6–22　创建下拉式列表

4．创建复选框

选择“插入”→“表单”→“复选框”命令，插入三个复选框，设置第二个、第三个复选框为“已选中”状态，并在适当的位置输入相应的文字说明，如图 6–23 所示。

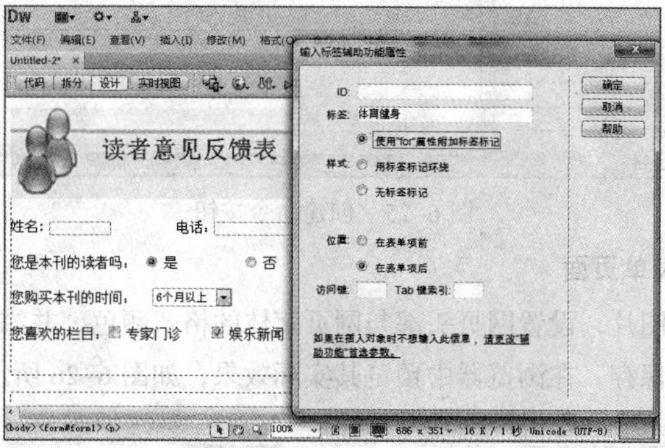

图 6–23　创建复选框

5．创建滚动文本框

选择“插入”→“表单”→“文本区域”命令，在表单中创建滚动文本框。按 Shift+F5 组合键打开“标签编辑器”对话框，设置它的行数为 5，自动分行，并在“您的建议:”中输入说明文字，如图 6–24 所示。

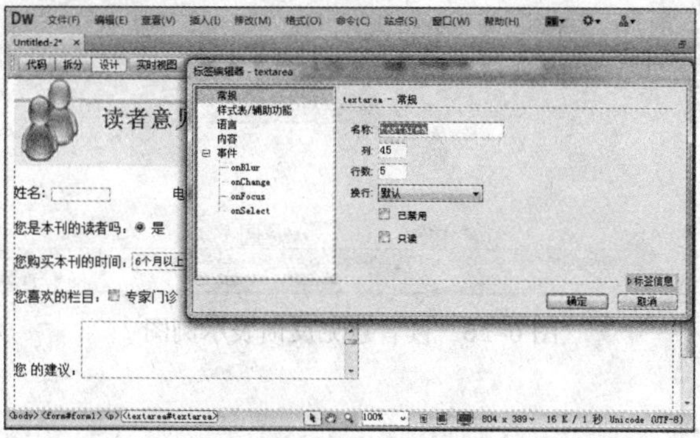

图 6–24　创建滚动文本框

6．创建命令按钮

选择“插入”→“表单”→“按钮”命令，在表单中创建两个按钮，打开“标签编辑器”对话框，分别设置其类型为“提交”“重置”，按钮属性值分别设置为“提交”“返回”，如图 6–25 所示。

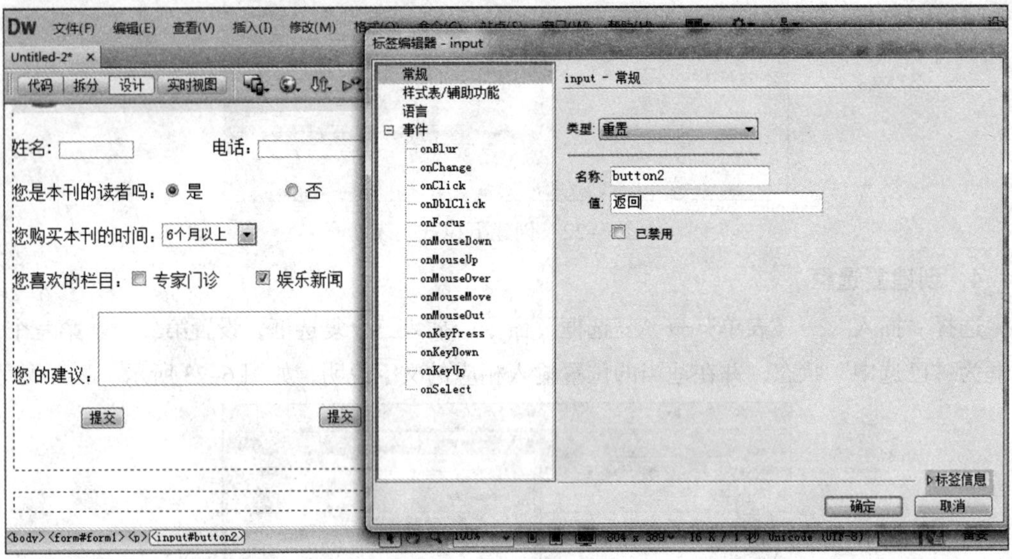

图 6–25　创建命令按钮

7．保存并预览表单页面

为网页添加背景图片，设置网页头部与网页字体的格式颜色，并添加日期，以“读者意见调查”为标题进行保存，在浏览器中预览其实际效果，如图 6–26 所示。

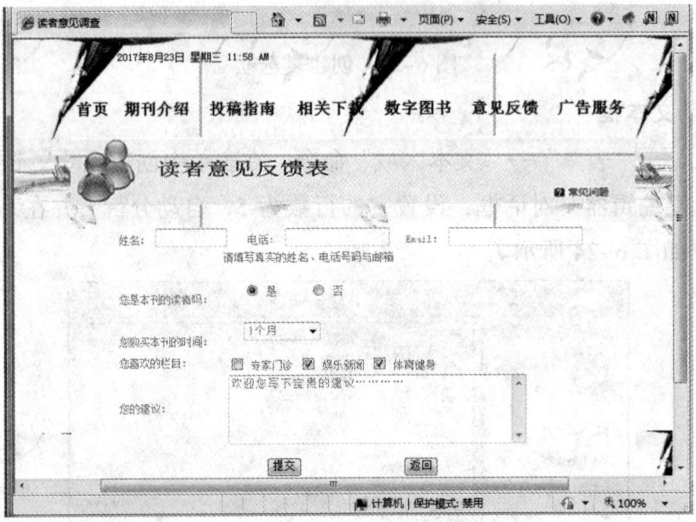

图 6–26　读者意见反馈表示例图

思考：

通过文本、表格、图像与超链接的相关编辑，结合上述实例中“读者意见调查”页面的制作，尝试创作图 6–27 所示的商务注册网页。其中，网页中所需图例可从网上直接下载或用其他图片代替。

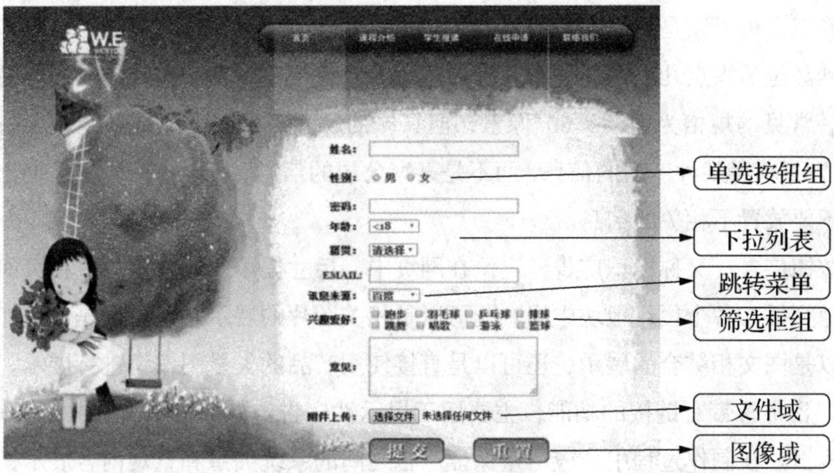

图 6–27　商务注册网页示例图

6.5　电子商务广告设计实训

6.5.1　实训目标

（1）了解电商广告的基本知识。

（2）熟悉电商广告设计的基本流程与注意事项。

（3）能够利用 Photoshop 创建电子商务广告。

6.5.2　实训预备知识

电商广告是随着电子商务的发展而兴起的一种特殊广告形式，也是开展电子商务活动的一种重要营销手段。电商广告利用图像、色彩、文字等营造独有的视觉冲击力，吸引大众浏览关注，刺激购买，进而达到营销目的。

1．电子商务广告的分类

一个劣质的广告不仅无人点击，更会增添浏览者对网站的厌恶感，而一个设计美观的广告却能带来巨大的收益。所以，在网页设计中应充分考虑网络广告的放置方式与具体的页面设计。

根据放置方式的不同，电商广告可分为如下类别：

（1）旗帜广告。旗帜广告是最早的网络广告形式，它是以 GIF、JPG 等格式建立的图像文件，定位在网页中，大多用来表现广告内容，同时还可使用 Java 等语言使其产生交互性，还可通过一些插件工具增强表现力。

旗帜广告也是网络广告的主要形式。通常位于页面顶部，最先映入浏览者眼球，展示形式可以是静态，也可以是动态的，通过 HTML、Flash 等多种技术实现。旗帜广告（Banner）要能在几秒甚至是零点几秒内抓住访问者的注意力，比较适合发布推广信息、产品推广和庆典活动等。常见的规格为 468×60 像素，但具体的尺寸需根据实际要求调整，访问者单击 Banner 是为了获得某种产品的信息，而不是某家公司的信息，所以在广告中需突出产品的特性，尽量不要放置不相关的信息。

（2）按钮广告。又称标识广告，定位在网页中，尺寸偏小。通常被放置在页面右边缘，或被灵活地穿插在各个栏目板块中间。既可以是相关图片的展示，也可以是色块加文字的组合，也可以是图文相结合的展示，还可以是直接使用产品的矢量图按钮进行展示。

按钮广告常常带有链接的功能，主要用于提示性广告（如商标），以要求用户点击进入其链接的网页。在制作过程中，应尽量保证广告之间的系统关系和直观内容展示，才会给人赏心悦目的感觉，否则就会显得凌乱俗气。

（3）对联广告。通常使用 JPG 或 GIF 格式的图像文件，也可以使用其他的多媒体，集动画、声音和文字于一体，多位于页面两边，左右对称，像中国传统的春联，故称为对联广告，也称竖式广告。

对联广告具有交互性和娱乐性，通常用于游戏、培训和化妆品等产品的宣传，为各行各业推销产品和服务，传播企业文化和经营理念。对联广告比较强调呼应宣传，有的左右内容一样，有的则左右内容承上启下。最常见的形式有纯图片的对称排列、同样大小的动画对称播放以及文本搭配对称排列等。

（4）悬浮广告。悬浮广告是在页面左右两侧随滚动条上下活动，或在页面中自由移动的广告，具有覆盖面广、广告效果持久、制作简洁、互动性强等优点。一般存在悬浮侧栏、悬浮按钮、悬浮视窗三种表现形式。

（5）翻卷广告属于组合文件形式，是将图像以卷回的方式进行作品的展示，一般放在页面顶端，通过翻卷形式在不同的广告图片间进行切换，以展示广告效果。其形式新颖、内容丰富，表现灵活，可以打开也可以关闭。

翻卷广告利用短时间的自动播放快速直观地传递给浏览者信息，可短时间霸占访问者的眼睛。大型的翻卷广告可以说是播放中的 Banner，在同一时间段可有效超越 Banner 的抢眼度。位于网页角落的小型翻卷则比较注重收起来时给浏览者的视觉感受，可促使访问者再次打开网页进行浏览。

（6）弹出式广告。弹出式广告是指当人们浏览某网页时，网页会自动弹出一个很小的对话框。随后，该对话框或在屏幕上不断盘旋，或漂浮到屏幕的某一角落。当试图关闭时，另一个广告又会马上弹出来。

弹出式广告是在已经显示内容的网页上出现，具有独立广告内容的窗口，一般在网页内容下载完成后弹出广告窗口，会直接影响访问者浏览网页内容。所以，关于弹出式广告的争论比较多。但广告商们对这种新颖的广告方式却情有独钟。因为它可以迫使广大网民不得不浏览其广告内容，从而获得较好的广告效果。

随着电子商务的发展，广告类型也在不断丰富，如直邮广告、赞助广告、活动推广式广告、游戏广告等。不同的电商平台对广告的设计要求也会不同，对此，我们要结合自身平台与商品的特点以及每种广告的优劣势灵活选择，进而更好地达到营销效果。

2. 电子商务广告的设计流程

（1）调研分析。电商广告只有符合浏览者的客观要求，正确反映商品的属性，才能达到营销效果。对此，在电商广告设计之前，必须调查了解产品的信息。另外，广告是针对消费大众而设计的，旨在引起浏览者的关注和好评，激发消费欲望，所以广告的设计需要符合消费者的基本状况，尤其是潜在的主要消费者群体。

（2）构思定位。简而言之就是在广告的设计中，结合企业特点，突出商品符合消费公众需要的个性特点，彰显商品的优势特征。

（3）制作表现。根据广告创意构思，营造一种符合商品品位形象要求的意境，努力营造一种愉悦、舒服的视觉感受。在整个意境的创造过程中，不能偏离了广告主题，只有形成统一的、准确的概念，才能达到广告目标的预期效果。

3. 电子商务广告的设计要点

（1）增强广告的聚焦性。出色的电商广告往往能够营造较好的视觉效果，在吸引浏览者注意的基础上，进一步激发购买欲望。在电商广告的设计中必须要在短时间内让浏览者准确接收商家所需展示的信息。对此，一方面可以使用一些富有刺激感的色彩来装饰图片；另一方面可结合图形元素，通过图形分割布局、装饰图片等，使图形主次分明增强聚焦效果。

（2）提高广告图片的信任度。只有获得消费者认可与信赖的设计，才能赢得点击与转化。在电商广告的设计中，我们必须通过视觉的包装，将商品的质量、服务态度、店铺的口碑等信息有效地传递给消费者。对此，可以巧妙地结合品牌徽标、第三方认证、公司 Logo 等视觉元素打造更有信任度的图片。

（3）融合感性诉求理念。感性诉求在于消费者产生情感共鸣的同时，也深层次地挖掘出了商品与消费者之间的情感联系。尤其是在商品同质化现象日益严重的情况下，感性诉求反而能让商品更有吸引和说服力。在电商广告图片的设计中，可以充分利用博爱情感、情绪情感、节日情感等，营造与浏览者共鸣的氛围，达到刺激效果，有效地提升广告的点击与转化率。

6.5.3　实训内容和步骤

（1）打开 Photoshop，新建“NO-3.3.2”文件，具体参数设置如图 6–28 所示。

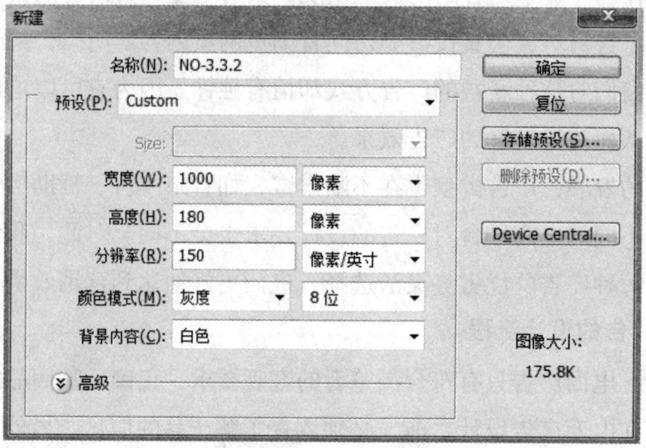

图 6–28　新建文件

（2）打开前景色面板，设置前景色值为（R：42、G：182、B：183），然后利用快捷键 Alt+Delete 填充图层，效果如图 6–29 所示。

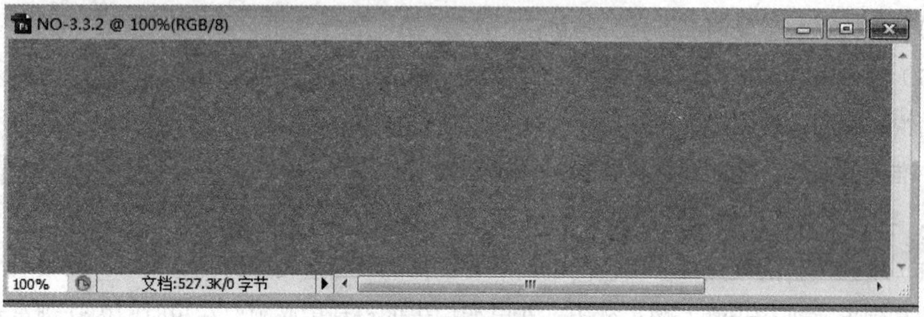

图 6–29　填充前景色

（3）选择“矩形选框工具”，绘制矩形选择框，然后选择“编辑”→“描边”命令，在弹出的对话框中，设置“描边宽度”为 1px，颜色为“白色”，单击“确定”按钮，结果如图 6–30 所示。

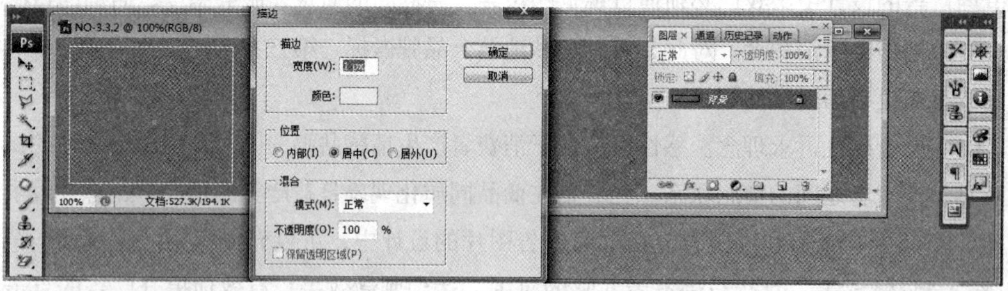

图 6–30　绘制白色矩形框

（4）利用“横排文字工具”在绘图区域内输入文字信息，并进行合理的摆放。然后利用“椭圆工具”绘制圆形图案，进行适当的排放，效果如图 6–31 所示。

图 6–31　输入文本信息

（5）选择“自定形状工具”，在其工具栏的“形状”下拉列表中选择“桃心”形状，在绘图区域内绘制图形。选择“图层”→“图层属性”→“投影命令”命令，在弹出的对话框中设置“不透明度”为 28%，“距离”为 11 像素，“大小”为 16 像素，如图 6–32 所示。

图 6–32　设置桃心按钮

（6）利用“画笔工具”对图形进行适当修饰，然后添加文本说明，如“蕾丝/雪纺”。进行适当调整后，利用 Ctrl+J 组合键对图层进行复制，进行适当调整后，效果如图 6–33 所示。

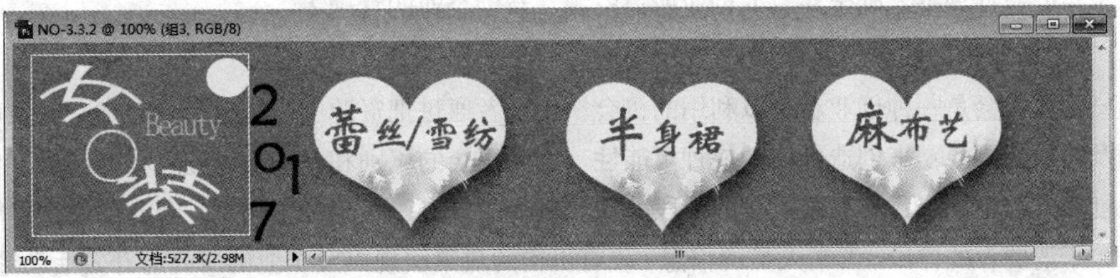

图 6–33　按钮广告效果示例图

思考：

（1）尝试通过 Photoshop 或其他工具，制作一份如图 6–34 所示的电商广告，图片可自由替换。但所制作的广告中至少需要含有三幅图片，其中一幅注明产品的名称与公司 LOGO。

图 6-34　广告示例练习

（2）对所制作的广告，设计一份简洁的网络广告文案，并写明广告的投放时间、投放网站，以及该广告所要实现的目标。

6.6　电子商务创业计划书撰写

6.6.1　实训目的

（1）了解电子商务创业的特点。

（2）理解创业计划书的主要内容。

（3）掌握电子商务创业计划书的撰写方法。

6.6.2　实训预备知识

近年来随着国家对创业的大力号召与扶持，以及互联网、大数据、云计算等技术的不断发展和创新，以互联网为平台的电子商务创业也得到蓬勃发展。

电子商务网络企业的创业过程一般涉及创业机会的识别和评估、创业模式的选择、准备和撰写商业计划书、确定并获取创业所需资源、新创企业的管理等。

1．创业机会的识别与评估

创业机会是一种创业者可以利用的机会。创业者通过把资源创造性地结合起来，满足市场及客户的需要，来创造价值的一种可能性。创业机会的识别和评估是创业过程的起点，也是创业过程中一个具有关键意义的阶段。创业机会的获取一般来源于创意。企业的创意可能来源于消费者的评论、营销人员的信息、政府机构的政策法规以及企业的研究与开发活动等。但创意并不等于创业机会。创意是通向机会的垫脚石，一个创建企业的想法并不等同于一个机会。评估和筛选出来的创意才可能有市场机会，成为潜在的创业机会。评估需要进行充分的市场调研和分析研究，市场研究的基础性工作是商务信息的收集和获取。

2．创业模式的选择

对于电子商务创业来说，一个重要的抉择是寻找适合自己的一个创业模式，即一个好的商业模式。它应该是一个适合自己实际情况，能有效整合现有资源且有能力操作的商业模式。商业模式实际是一个链状体系，一个好的商业模式创新，需要回答如下五个核心问题：

（1）你准备提供的产品或服务，可以解决什么需求。

（2）这个需求的市场是否足够大。

（3）你的模式会动谁的奶酪。

（4）你的模式是否是不容易被复制或被抄袭的。

（5）你的盈利模式是什么。

一个看起来有成功希望的商业模式或许同时会有好多家企业在实践，但真正成功运作的可能就只有一至两家。导致不同结果的原因，除了各商业模式的本身设计和操作过程存在差异外，各公司的实际运作能力也起到了举足轻重的作用。由此，创业者在进行商业模式的选择评估时，除了考虑商业模式因素外，还需对创业者的自身条件和实际运作条件等进行综合权衡。

3．创业计划书的作用与主要内容

创业计划书的撰写就是创业者通过对经营理念和外界信息的吸取与修正，将创业构思的想法清楚地表达出来。通过创业计划书的撰写，创业者可在实际运作之前发现可能存在的机会、威胁以及优劣势，从而提高创业成功概率。对于电子商务产业而言，它还不像其他较成熟的产业那样被投资者熟知和了解。因此，一份清晰、经得起反复推敲的创业计划书，对创业的后续发展具有关键性作用。

其主要包含以下内容：①协助创业者认清策略方向及经营形态；②提供企业未来成长蓝图；③协助创业融资。其主要内容包含计划摘要、市场概况及机会、产品（服务）介绍、营销策略及计划、团队管理与人力资源规划、财务规划与财务预测、可能的风险分析。

4．创业资源的获取

一个创业者应该做自己最擅长的事情。这里的擅长不仅是能力上的，更是对自己所处环境的资源分析。所以创业者应对其所需创业资源的数量及其多样性进行有效评估，并能够以最少的成本、最短的时间来获取所需资源。对新创企业而言，一个常见的问题就是资金的有效解决。常见的融资渠道主要包括自有资金、家庭及朋友、商业银行、风险投资和政府资助基金等。

6.6.3　实训内容和步骤

近年，国内的跨境电商已经逐步起步并快速发展。小王也想自主创业成立一个跨境电商项目，主要经营女性时尚配饰跨境电子商务，通过采用在第三方电商平台上建立店铺和自建B2C 电商网站相结合的方式，将国内的优质且具有高性价比的配饰产品，通过电子商务的方式展示并出售给全世界的消费者。请帮小王撰写一份创业计划书。

（1）撰写计划摘要。计划摘要列在创业计划书的最前面，是浓缩了的创业计划书的精华，涵盖了计划的要点。主要涉及如下要点：公司介绍、主要产品和业务范围、市场概貌、营销策略、销售计划、生产管理计划、管理者及其组织、财务计划、资金需求状况等。整个摘要应尽量简明、生动，一目了然，以便读者能在最短的时间内评审计划并做出判断。

（2）市场概况及机会分析。描述市场规模、目前的经营者、潜在商机及未来发展趋势。在本案例中可以从跨境电子商务的行业现状、时尚配饰全球市场行业现状等来描述该项目的整体行业现状，并从成本价格优势、国内供应链优势、时尚配饰行业所具有的发展空间和前景来对项目机会进行分析。

（3）产品与服务介绍。产品介绍是创业计划书中必不可少的一项内容。通常，产品介绍应包括以下内容：产品的概念、性能及特性；主要产品介绍（见表6-7）；产品的市场竞争力；产品的研究和开发过程；发展新产品的计划和成本分析；产品的市场前景预测；产品的品牌和专利等。

这一部分主要是理性地与竞争者比较，分析出各项产品、服务在价值链及顾客附加价值上的差异。

表6-7　某项目的主要产品分析

产品类别	样品图片	产品简介
类别A		
类别B		
……		

在本案例中，可以从项目的主营产品、网站与店铺的规划（自建电商网站的技术优势分析、网站的网址、风格与功能、网站的架构与模块分析、第三方平台店铺规划）、服务（支付服务、物流服务、仓储售后服务、会员服务）等方面，对该跨境电商创业项目的产品和服务进行分析。

（4）营销策略与计划。营销是企业经营中最富挑战性的环节。在创业计划书中，营销策略需根据未被满足或挖掘的消费者需求，来分析以下内容：①市场定位和营销渠道的选择；②产品和品牌策略；③促销计划和广告策略；④价格决策。

在本案例中，可以从市场细分与目标客户、市场定位、营销策略组合（产品策略、价格策略、渠道策略、促销策略、服务沟通策略）等方面来创建可行的营销方案，进而完成本项目的销售目标。

（5）团队管理与人力资源规划。以组织结构图形式展示项目的组织架构，如图6-35所示，并对每个部门的核心工作职责进行简要说明。

如果是以创业团队的形式开展，有必要展示核心团队成员过去的学业经历及工作业绩。还需要对项目的人员配备与薪酬制度进行简要说明。

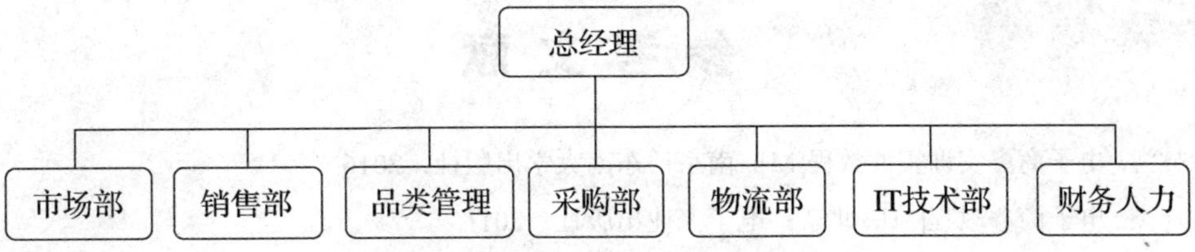

图 6-35　某公司的组织架构图

（6）财务规划与资金运作。一份创业计划书概括地提出了在筹资过程中创业者需做的事情，而财务规划则是对创业计划书的支持和说明。一份好的财务规划对评估风险企业所需的资金数量，提高风险企业取得资金的可能性是十分关键的。

在本案例中，可以从运作流程、资金需求及使用计划（如一期的基础建设、二期的物流仓储基地建立）、收益来源、收益预测、融资方式、投资收回途径等对该项目的财务进行透彻分析。

（7）风险评估与防范。任何一项创业项目都是机会与风险并存的，要主动应对潜在危机，同时开展预防，才能有效消减或规避风险。那么本部分则需对创业机会经营中可能隐藏的潜在危机（如市场风险、内外部财务风险、管理风险、技术风险、人员风险等）加以说明，并进一步提供针对性的预防解决策略。

思考：

假设给你 30 万元，你认为在三年的时间里，做什么能赚钱？具体将如何实行？请明晰你的创业项目，并结合创业计划书的主要内容要素形成一份较完整的创业计划书。

参 考 文 献

[1] 徐林海. 电子商务实训实训教程[M]. 南京：东南大学出版社，2016.

[2] 吕廷杰. 电子商务教程[M]. 北京：电子工业出版社，2011.

[3] 李洪心，马刚. 电子商务综合实训[M]. 大连：东北财经大学出版社，2008.

[4] 宋文官. 电子商务综合实训[M]. 北京：高等教育出版社，2008.

[5] 宋文官. 电子商务概论[M]. 3 版. 北京：高等教育出版社，2013.

[6] 施奈德. 电子商务[M]. 北京：机械工业出版社，2002.

[7] 周婕. 电子商务实训教程[M]. 北京：清华大学出版社，2011.

[8] 章剑林. 电子商务培训教程[M]. 杭州：浙江科技出版社，2006.

[9] 张铎，林自葵. 电子商务与现代物流[M]. 北京：北京大学出版社，2002.